다솜은 사랑이라

최관하 지음

초판인쇄 | 2026년 1월 2일
초판발행 | 2026년 1월 10일

지 은 이 | 최관하
발 행 인 | 최안치

펴 낸 곳 | 제이플러스아트
출판등록 | 2005년 2월 28일
주　　소 | 서울시 마포구 연남로 83 2층 201호
연 락 처 | 전화(02)335-1155　팩스(02)333-7485

ISBN 978-89-956379-5-1(03800)
값 18,000원

· 이 책의 수익금은 청소년 복지와 선교를 위해 사용됩니다.

다솜은 사랑이라

최관하 지음

jplus art

작가의 말

최근 몇 달 동안 외장 하드를 뒤지고 또 뒤졌다.

지금으로부터 15년 전, 나의 두 딸이 결혼할 때를 대비해 축하 인터뷰 영상을 찍어 놓은 것이 있었기 때문이다. 그때 프로 촬영팀을 만날 일이 있었는데, 나에게 선물이라고 하면서 나중에 결혼하는 딸들에게, 그리고 미래의 사위들에게 영상 멘트를 남겨 놓으라고 했던 것이다. 나는 그것을 선물로 딸들에게 선사하리라 생각했다.

그런데 그 영상이 없어졌다.

아무리 찾고 또 찾아도 없다. 큰딸 다솜이의 결혼식이 아직 한 달 남짓 남았으니까 아마 나는 그때까지 계속 찾을 것 같다. 찾으면서 생각을 했다.

'그 영상을 결혼식 날까지도 못 찾는다면 어떻게 하지? 기억나는 선물을 주고 싶은데~'

생각하다가 큰딸 다솜이가 초등학교를 졸업할 무렵 [솜사탕과 다리미]를 출간해 주었던 제이플러스 이우양 사장님을 만났다. 이분은 다솜이와 다빈이 '두 딸에게 쓴 아빠의 시와 산문'을 묶어 사화집으로 내주었던 분이다. 책 제목의 '솜사탕'은 다솜이, '다리미'는 다빈이의 어렸을 때 별명이다.

이야기를 한참 나누는 중이었다.

다솜이가 어렸을 때 내가 써 놓았던 글들 중 공개되지 않았던 글들이 꽤 있다고 하니, 그것을 책으로 묶으면 좋은 선물이 되지 않겠냐고 했다. 그래서 딸들과 가족들 아무도 모르게 예전의 사진들을 살펴보고 또 보았다. 또 여기저기 보관해두었던 글들을 찾아보며 딸과 함께했던 31년의 시간을 회상하고 돌이켜 보았다. 또한 다솜이가 청소년, 청년, 그리고 성인이 되기까지 왔던 여러 이야기들, 현재의 결혼을 앞둔 이야기까지 시와 산문으로 묶기로 했다.

그래서 [다솜은 사랑이라]는 이 책이 세상에 나오게 되었다.

이제 다솜이는 원가정, 원뿌리인 우리 부부를 떠난다.

한 남자와 연합하여 한몸이 될 다솜이, 그리고 남편으로서 가정의 영적 제사장, 예수님의 대리자로 살아갈 영빈이를 위해 기도한다. 사랑하고 축복한다. 영빈이가 기도하는 남편으로 아버지로 잘 세워져가고, 또 돕는 배필로서 다솜이가 현숙한 아내, 또 엄마로 살아가길 기도한다.

무엇보다 다솜이와 영빈이가 하나님의 복음 사명을 부여 받고 순종하는 이 시대의 기도하는 부부 사명자로 살아가기를 기도한다.

'다솜'은 우리나라의 고어로 '사랑'이라는 뜻이다.

다솜이는 그래서인지 사랑이 많다. 그동안 하나님의 마음을 품고 사랑을 베풀 줄 아는 다솜이로 살아왔다.

이제 남편인 영빈이와 함께 그 크고 아름다운 하나님의 사랑을 전하는 부부로 살아가기를 기도한다. 하나님께 영광 올려드리는 믿음의 부부가 되기를 많이많이 축복하고 또 기도한다.

최관하

목차

제 1 부
시

제 2 부

산문

제 1 부
시

이름 짓기

그날 아침은 떠오르는 햇살과 함께였지
나는 운전을 할 일이 있어 차를 몰고 나갔고
거리엔 사람들이 무척 많았단다
이렇게 복잡한 서울 거리는 정말 숨막혀
하늘마저 보이지 않았다면 질식했을는지도 모르지

창으로 스치는 나무 줄기 밝은 햇살이
내 마음을 어루만져 주지 않았다면
나는 아마 버럭 소리라도 질렀을지 몰라
창밖으로 말야
그렇지 않았다면 유난히 시끄러운
김건모의 '잘못된 만남'을
틀어 놓았을는지도 모르고

그렇게 맑은 늦겨울이었단다
봄이 오는 소리가 조금씩 겨울의 틈을 비집고
순살 돋아나듯이 그렇게 상쾌한
겨울날이었다

다솜

사랑

그날 아침 다솜을 세 번 보았단다
결심했지
태어나지 않은 너의 이름은 다솜이라고
최다솜이라고

다음날 새벽에 너는 태어났지
그 새벽 기운을 가르며
너는 이 세상에 나왔단다
나는 내가 태어날 때보다 더 뛰는 가슴을
부둥켜 안고
네 이름을 조용히 뇌어 보았단다
다솜아 --- 하고 말야.

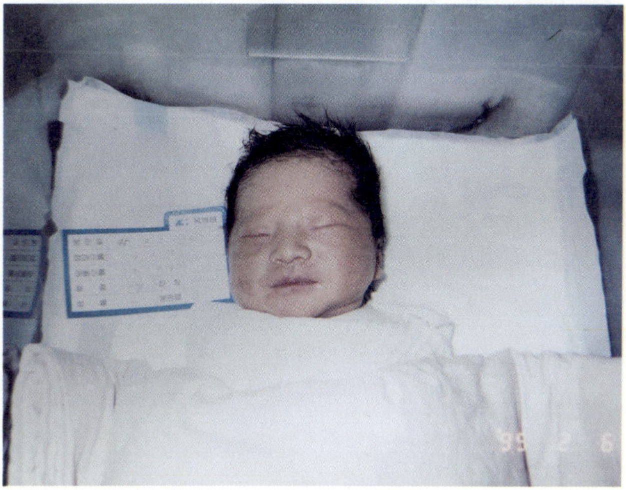

백일날

우리 반 아이들에게
책을 한 권 소개해 주며
네 생각을 했단다

제목이 뭐냐구?
이상헌 씨의 '시집 가는 딸에게'
아버지의 입장에서
딸에게 하고픈 이야기

그래 나도 이제 아버지가 되었구나
하는 생각이 드니
지금 네 귀에 대고
읽어주고 싶더라

한참 읽다보니
이런 생각이 들더라
우리 반 아이들이 모두 다솜이 같다고
나중에 너도 저리 크겠지
예쁜 여고생이 되겠지

요즘 여성 천국에서 사는 나
집에서는 두 여자와
학교에서는 우리 반 아이들과

하루에 한 시간은 얘기를 해야지
너는 눈으로 나는 입으로 표정으로
네가 말을 할 수 있는 날
그때는 내 표정만 봐도 알 수 있을거야
무슨 얘기를 꺼낼지

너와 나의 백일 째 만남은 순전히
나의 준비로 이루어지겠지만

훗날
이 백일의 만남이 얼마나 감사한지
얼마나 소중한지
알거야 알게 될거야

너를 가졌을 때의 기도처럼
그렇게 항시 웃으며 이 세상 속에서
함께 어우러지며
건강한 삶을 살 수 있도록.

교회 처음 간 날

영락교회에 처음으로
너를 안고 간 주일날
다소 불안감이 있었단다
다른 아이들처럼 그렇게
울지 않을까 하고

엄마 아빠가 결혼했던 곳
너에게도 큰 의미가 되겠지
예배가 끝날 때까지
조용히 있던 네 모습

정말 감사했다
마지막 찬송은
눈물을 흐르게 했고

기도로 태어난
다솜의 삶이
사랑의 삶이

이 세상의 밀알로
살아나갈 수 있기를
감사하는 마음으로.

'다솜'이라는 이름

다솜 다솜 또 다솜 다솜
사랑 사랑 또 사랑 사랑

아무리 불러봐도
사랑스런 다솜
하늘처럼 푸른 사랑의 이름
바로 그 이름 다솜

움직이는 몸짓에
삶의 활기 느껴지고
쌕쌕 잠드는 모습에
안식을 느낀다네

이 세상 아무리
사막과 같아도
다솜의 웃음과
활력이 있기에
아름다운 목소리
울려 퍼지리니.

아빠와 닮았구나

세상의 숨결과 함께 지나온 시간
두 해가 되어가는구나
많이 컸구나
사랑하는 다솜아

말이 늦는다고 걱정을 하고
너무 감정이 풍부해
동네 아이가 눈물을 흘려도
함께 우는 네 모습

다른 아이들과 어울리지 못하고
혼자 노는 모습은 꼭
어릴 때의 아빠와 같구나
깊은 사색 속에
성숙의 길을 찾고자 애쓰던
그때의 모습

그래그래
남의 위에 군림하는 사람보다는

자신을 낮추어 진정한 승리자가 되는
영혼의 삶을 살려무나

아직은 어리지만
그만큼 순수하고 깨끗한
너의 영혼에 기대어

살아가는 어른의
모습이 되어
이 땅에
아름다운 이름으로
나는 남으려니

너의 이름으로
나는 남으리니.

믿음의 어린이로 커라

가을은 소리 없이 다가와
내 마음에 평안함 줄 때
하나님 축복 놀라운 무지개로 다가와
우리 가정 지켜주시고
세살배기 다솜이
무럭무럭 큰 나무 되어가네

잦은 병치레 하나 없이
지금까지 자라게 하시니
감사하여라
우리 지으신 하나님께
감사 감사드리네

다솜아 다솜아
손 잡고 기도할 때 아멘하고
할렐루야 하니
두 손 번쩍 쳐들고
할렐루야 따라 하네

어린 시절 주님 말씀 깨닫고
하나님의 어린이로 커나가길 바라는
우리 부부 한마음이라네

다솜이 지켜주시는
하나님께 감사 감사드리네.

꼬랑지와 그냥쥐

다솜이와
신데렐라 비디오 영화를 보다가
쥐꼬리가 무척 가늘고 길어
'저 꼬랑지 좀 봐' 했더니
다솜이가 하는 말
'아니야 그냥쥐야'.

사랑으로

수양버들처럼
하늘하늘 늘어진
머리칼 만큼이나
훌쩍 커버린
다솜이의 모습

동생 다빈이가
고사리 손
박박 갈퀴처럼 세우고
우악스럽게 덤빌 때
와락 소리 한 번
질러보지만
아랑곳 않는 다빈이에
더 이상 화내지 않고
가진 것 다 내어주며
그저 눈물만
때로로로 흘리네

언니로 태어나

뺏길 것 뺏길 줄 알고
줄 것 줄 줄 아는
다솜이가

유치원에서도
그러한 것을 알고
아내는
내심 걱정을 하지만

아니야 아니야
우려보다는 따사로움이
염려보다는 포근함이
느껴지네

톱니처럼 각박한
이 땅에서
다솜이 이름처럼
사랑을 베풀며

살아나가는 삶이기를
소망하는
아빠의 마음

그 맑은

동심의 웃음이

하늘에서 땅끝까지

울려퍼지기를

바라는

아빠의 마음.

천사

양쪽으로
땋아 말아 늘어뜨린
머리칼이
말초롱처럼
예쁜 다솜이

다섯 살 다솜이가
청산유수처럼
말을 할 때면
돌 지나도록
침묵을 지키던
모습이 스쳐가
살며시 미소가
머금어진다

동생 다빈이가
아침에 눈을 뜨면
"잘잤어? 다빈아!"
다정하게 말 건네는

따스한 마음의
다솜이

눈물은 많지만
사랑의 표현으로
많은 이를 위한
눈물로 표출되기를
바라는 마음에
다솜이를 위해
기도하는 이 밤.

벧엘 유치원 어린이

새싹반 초록반
아람반 열매반

뽀르르르 싹돋아서
새싹반
생기있고 발랄해라
초록반
아름다운 결실이어
아람반
풍성하고 넉넉하여
열매반

새싹반의 규리와
초록반의 규원이와 혜인이
아람반의 다솜이
열매반의 지인이

모두 모두
예쁜 벧엘의 어린이.

아빠 참관 수업일에

어린 꿈을 새록새록 키우는
벧엘 유치원

자라나는 새싹들이
옹기종기 모여 있고

왁자지껄 하며
어우러지는 하나님의 집에서
봄햇살 가슴으로 감싸안는
선생님들과

하나님 주신 사랑이 넘쳐나는
아이들 세상에서
다솜이 손 잡고 조용히 앉아
기도를 드리니

아 여기가 바로
하나님 계신 천국이라

다솜이와 친구들 그리고 아빠들까지
모두모두 기뻐하며
새처럼 노래 부르고
해바라기같이 춤을 추며
봄바람처럼 활짝 웃으니

아 아름다운 하나님의 집
주님 계신 천국 세상

벧엘 유치원의 하루
꿈만 같아라.

경이로움

뱃 속에 있을 때
흔들렸던 우주 만큼이나
불안했던 아내의 마음은
다솜이의 침묵으로 드러났다

네 돌이 될 때까지
굳게 다문 그 입술에
사지가 흔들리고 오장이 뒤틀리는
형벌을 감내하며
기도하던 아내

그 뒷전에서 나는
소리없는 울음을 심장으로 끌어들이며
하늘 아래 그 부끄럽던
지난날의 고백을 해야만 했다

청산유수가 된
다솜이의 재잘거림을 보며
그 신비하고 경이로운 변화와

그 변화를 가져다 준 능력의 주인께
감사함 외에는 아무 것도 없기에.

잠자리에서

아침에 일어나면
큰 기지개를 켜고
하품 한 번 하는 모습이
활짝 핀 나팔꽃 같아
매우 즐거운 마음에
다솜아 쭈쭈 하며
다리를 쫙 피게 하고
주물러주면
쑥쑥 소리를 내며
펼친 팔 만큼 자라는
싱그러운 나무
신선한 생명의 소리.

하나님의 아이들

용산 전쟁기념관에 갔었다
봄바람 살랑이는 휴일 한낮에
쭈욱 훑어보니 우리 교회 식구 아이들
마치 엄마닭 쪼르르 뒤따르는
삐약삐약 병아리 같구나

찌지미를 외치며 달려가는 찬영이와
사부적사부적 가볍게 사고칠 듯한 하람이
우와우와 왁다구니 다빈이와
철학자의 모습으로 근엄한 규리
왕방울 눈을 짙은 눈썹 아래 뜨며
흰 바지를 흙검뎅이로 만든 주영이
그리고 참으로 잘 어울리는 자매같은
다솜이와 규원이

이들을 지켜보며 함박꽃 미소를
봄바람에 실려 보내고 있는 예람이
그저 은혜로구나 기쁨이로구나
휴일 한낮 쾌활한 웃음 천국 잔치라네.

북한산에서

다섯 살
다솜이의 손을 잡고
오르는 산
북한산이라 말하니
한사코
초록산이라 우겨댄다

누굴 닮아서
이리 고집이 셀꼬
나 또한 곧죽어도
북한산이라 하니
울먹울먹 글썽글썽
하는 새끼 사슴

그래 맞아
본래 이름은 북한산인데
다른 이름이 초록산이야
그렇게 둘러댔건만
딸애는 아니란다

북한산은 무서워
전부 다 초록빛인데 뭘

맞다맞다
북한산이 아니라
초록산이었구나.

색종이

다솜이가 잘라놓은 색종이
스케치북으로 지갑까지 만들고
색깔별로 색종이를 예쁘게 넣는다

'아빠 이거, 공부 열심히 하는 오빠 언니에게 나눠 줘'
'그래, 그럴까?'

수업시간
아이들은 매우 신기하고 재밌어했다

퇴근을 하니 한 방 가득한 색종이
다빈이까지 가위를 들고 설치니
위험하기 짝이 없다

더 많은 색종이를 들고 출근하니
아이들은 더 재밌어했다
이걸 어쩌나
다솜이의 소망을 저버릴 수도 없고

'그렇지, 지금부터 공표한다 질문에 답을 하는 친구는
색종이를 한 장씩 선물로 주고 다섯 장이 모였을 때는
도서상품권 한 장을 주마.'

수업 분위기는 최상이 되었고
열심히 답하는 아이들에게서
다솜이의 눈망울을 찾는다

언니 오빠들까지 열심히 공부시키는 다솜이.

가족찬양대회

가정의 달을 맞이하여
교회에서 가족찬양대회가 열렸다

여섯 살 다솜이
세 살 다빈이를 밤 늦도록
연습시키는 아내의 모습을 보며
사실 제일 많이 가르쳐줘야 할 사람은 나인데
문제가 되는 사람은 나인데 하는
생각이 들었다

다솜이는 교회 유치부에서 율동을 익히고
다빈이는 집에서 엄마와 때때마다 하는데
아빠인 나는 삼십이 넘도록
'위대하고 강하신 주님'
팔 올리기 어색하기만 하여
아내와 두 딸아이 몰래
목욕탕 거울 보며 연습을 했다

찬양대회가 열리고 다솜이 다빈이

너무 예쁘게 잘도 하는데
삼십 년 동안 굳어진 내 팔은
아직도 풀리지가 않았는지
그런데 사람들의 시선은
다솜이와 다빈이에 집중되고
나는 아랑곳 없어
더욱 붉어진 내 얼굴

다솜이 다빈이
두 딸아이의 노래와 율동은
과연 천사의 노래요
그야말로 천국의 잔치더라
일등 잔치였다.

읽기 공부

다솜이의 여름 방학이 끝나고
유치원에 다시 가기 시작했다
방학중에 제일 기억에 남는 것은
매일매일 자기 전에
누가복음 마가복음
한 장씩 읽어주는 것이었다

개학 후 어느 날 밤
성경을 읽자 했더니
방학 끝났다고 괜찮다고 한다
달래도 안되어서
그럼 뭐 읽을까 했더니

이야기 해 달란다
아담과 하와 선악과 이야기
노아의 홍수 방주 이야기
그랬더니 다솜이 왈
"아빠, 그래서 무지개가 생긴거야?"
교회 유치부에서 배웠다며

나를 놀라게 한다

이어지는 이야기
아 이럴 때 내가
국어 선생이라는 것이 얼마나 감사한지
심청전 흥부전 콩쥐팥쥐에
이것 참
하루에 이야기 세 편씩 하려면
부지런히 읽어두어야겠다.

파도 타기

무섭지도 않은가 봐
다솜이는
어른들도 튜브 몸에 감고
안 무서운 척 떨며
물에 들어가는데
다솜이는 아랑곳 없이
파도 타기를 즐긴다
밀려오는 물보라에
괴성을 지르며
출렁출렁 스릴을 즐기는
외유내강(外柔內剛)
우리 다솜이.

아빠의 편지

사랑스러운 다솜아
참 예쁘고 착하게 자라난 네가
얼마나 귀하고 고마운지 모르겠구나
다빈이가 태어난 다음부터는 모든 것 다빈이에게 양보하고
몰래 눈물 훔치며 이겨내는 모습에
얼마나 기특하고 얼마나 예뻤던지
또 유치원에서도
다른 친구들을 위로하고 감싸안는 모습도 보인다니
참으로 하나님의 은혜에 감사하지 않을 수가 없구나

그렇게 다른 사람을 이해하고 사랑하라는 마음을 갖고 살라고
아빠는 네 이름을 '다솜'이라고 붙였단다
정말 다솜이라는 이름을 그대로 실천하는 다솜아
네 이름의 뜻은 '사랑'이라는 것 알고 있지?
그렇게 살아가렴 무엇보다
하나님의 말씀을 사랑하고 실천하며 양보하고 기도하는
다솜이가 되기를 아빠는 바란단다
최선을 다하는 삶의 자세를 갖고
다솜이가 하고자 하는 것도 하나님의 뜻인지 물어보며

그렇게 주님의 사랑을 실천하는 다솜이기를 기도한단다
언제 어디서나
정말 아름다운 사랑을 남에게 베풀 줄 아는 다솜이기를
아빠는 원하고 기도한단다

오늘도 다빈이에게 모든 것을 양보하는 다솜이
어른스러운 다솜이
다빈이 때문에 자주 안아주지도 못하지만
아빠는
그리고 엄마는 널 무척 사랑한단다
알지?
사랑하는 나의 딸 다솜아!

흰눈 사이로

유난히 많은 눈이 내린 올겨울
대문 앞에 쌓인 눈 사이로
다솜이는 단말마 비명을 지른다
"야! 세상이 하얗다."
며칠 후 얼어붙은 눈길 따라
조심조심 걸어가는
다솜이의 뒤를
다솜이가
그토록 무서워하는
뒷집 개가
살금살금 따라가고 있다.

놀이터에서

사방치기를 하는 다솜이
사각형을 그리고
1부터 8까지 쓴 다음
개구리처럼 폴짝폴짝 뛴다
그 때마다
양 갈래로 묶은 머리칼이
즐거운 춤을 춘다

'내 조만할 때 무엇하며 놀았나'
땅따먹기, 비석치기,
줄넘기, 오재미, 다방구
그리고 술래잡기
뭐 그런거더군
놀이 속에 떠오르는
세월 저편의 친구들
다솜이의 맑은 입가에 스쳐간다.

길 잃은 다솜이

피아노를 배운지
벌써 넉 달이 되어간다

집에서 걸어도
두 정류장 남짓은 되는 거리를
다솜이는 걸어간다

연희동 산꼭대기 시범 아파트를
네 살 때부터 걸어다닌
그 무쇠다리로

피아노 학원에 도착하니
그날은 쉬는 날이라 했다

집에까지 돌아오지 못하는
다솜이에게
하나님 지혜 주시네

"아줌마, 길을 잃었어요."

아주머니는
생각나는 전화번호를 물었고
집에 전화를 했는데
마침 아내와 다빈이는
마당에서 청소를 하고 있었다

다솜이는 교회 동생인
규리네 집 전화번호를 기억했고
고마우신 아주머니가 인도를 해주셨다

생각나게 하시는 하나님
지혜주시는 하나님을 찬양한다.

부활주일을 앞두고

잠자리에 누우면
다솜이와 다빈이가 항시 하는 말은
"아빠, 기도해주세요."

기도를 하지 않으면
잠을 잘 수 없는 이 아이들

다솜이가 오늘 밤은
옛날 이야기를 해달란다
아담과 하와 이야기를

아담 하와 이야기와 더불어
예수님 십자가 사건과
부활에 관한 이야기를 하였다

이야기를 마치니
다솜이 하는 말

"아빠, 나는 하나님하고
예수님이 정말 고마워."

울먹이는 소리에 나도
콧날이 시큰

"왜?"

"하나님은 우리 죄를 용서하시고
또 예수님은 우리 때문에 돌아가셨잖아"

사랑을 주신 하나님
다솜이를 주신 하나님
감사해요.

받아쓰기

학교에 가서 받아쓰기를 했다며
시험지를 보여주는데
80점, 그리고 또 하나는 90점이다

무엇이 틀렸나 했더니
글씨를 똑바로 쓰지 못한 때문이란다

하지만 이것마저도 대견한 것은
그저 어린 아이 철부지로만
느껴지는 다솜이기에

다소 여린 이파리같을 때도 있고
사려 깊은 바위같을 때도 있지만

역시 사랑스런 하나님의 창조물
나의 딸 다솜이.

그림 일기

다솜이가 방학숙제를 한다
오랜만에 다솜이 곁에 앉아
글씨 쓰는 것도 지켜보고
글씨 모양도 슬쩍 본다
동그라미를 왼쪽부터 그리네
미음도 잘못 되었고
띄어쓰기가 부족하구나
국어교사라는 직업 때문이라기보다는
아빠의 심정으로
대견함과 관심이 앞서는 것인가보다
일곱 살에 학교 들어갔다고
아내는 내심 걱정했지만
한 학기를 슬기롭게 보낸 기쁨에
안도의 숨을 내쉬고
이 모두 하나님의 은혜라
기뻐하며 감사해한다.

제목: 나들이
날씨:
오늘은 엄마 아빠와
자동차를 타고 봄
나들이를 다녀 왔다
꽃내음이 우리가족을
행복하게 만들었다

누리 피아노 연주회

싸늘함이 어둠을 지배하는 저녁
다솜이의 초대를 받았다
그동안 열심히 노력했던 피아노 연주회
누리 피아노 연주 발표가 있다는 것이다
집에서 치는 것을 가끔 보아도
무척 신기하고 놀라웠는데
혼자서 독주를 한다니
많은 부모님들이 저마다
디솜이같은 자녀들을 보기 위해
추위를 뚫고 오셨다
다솜이는 두 번째였다
발이 바닥에 닿지 않아
대롱대롱 달려 있는 듯했지만
가녀린 손 마디마디가 움직일 때마다
천국의 소리가
천사의 음률이 흘렀다
하나님을 찬양하는 손짓 몸짓이
되리라 기도하였다.

꿈을 꾸며

늦은 저녁
할머니 집에 다녀오는 차안에서
한참 동안 자다가 우는 다솜이
"왜 우니?"
"엄마가 죽었어."

그리고 며칠 후 새벽
미명 아래에 잠결에 우는 다솜이
"왜 우니?"
"엄마가 죽었어."

엄마가 죽는 꿈을 이리도 자주 꾸나
그래서 그런지 요즘의 다솜이가
더욱 살갑게 행동한다
엄마를 잃은 슬픔을
그 아픔을
꿈속에서 이미 체험해서일까

오늘도 학교에서

숙제 적은 수첩을 놓고 왔다고
엄마에게 야단 맞으면서도
눈에는 눈물방울 맺히지만
입가에 흐르는 엷은 미소

평화가 되어
방울방울 하늘로 오르고 있다.

인내하는 다솜이

외출하고 돌아오면
다빈이는 옷을 훌훌 벗고
욕실로 들어서는데
다솜이는 책상 앞에 앉는다

발바닥 물기를 닦으며 나오는
다빈이를 보며
양말 신은 다솜이가 뭐라 한다

"다빈아, 물 튀잖아"

저녁 9시가 넘도록
다솜이의 양말은
벗겨지지 않고

그 옆에 널부러져 있는 다빈이는
반팔 반바지에
배까지 드러내며 자고 있다.

새벽에

잠자는 시간이 일정한 다솜이

밤 9시만 되면
동생 다빈이의 같이 놀자는 공격에도
아랑곳 하지 않고
“아빠 기도해 죠.”
하며 잠자리에 든다

교회 여름방학 숙제가
아침에 일어나 성경 읽기였는데
지혜로운 아내가
다솜이를 설득하며 이해시킨다
아침에 일어나자마자
매일 성경부터 읽는 다솜이를 보며
하나님의 살아계심과
사랑하심을 또 한 번 확인한다

평안한 안식의 시간과
새벽 부활같은 체험을

다솜이에게 허락하시는 하나님

우리 가족 모두에게
가슴 깊이 그 사랑을 간직하고 살아가라고
축복하시는 하나님

다솜이는 참으로 행복한
주님의 어린이다.

다솜이 일기

다솜이가 글씨를 쓰기 시작한다
컴퓨터도 가르쳐주었더니
내가 배웠던 속도보다 무척 빠르다
아직 철자법을 잘 몰라 틀리기도 하지만
신기하고 놀랍다
아이가 커 가는 과정 속에서
나의 어린 시절을 본다.

"최다솔 최정엽 최다빈 최다솜 노래자랑 남산 위에 초가집 짓고 어여쁜 얼굴로 달려갔더니 옆 집 손님은 시집을가고 나는 망했네 나는망핸내 요놈에가시나 오기만 해봐 누가이기나 시합해보자 곰 세 마리가 한 집에 있어 아빠곰 엄마곰 애기곰 아빠곰은 뚱뚱해 엄마곰은 날신해 애기곰은 너무 귀여워 으쓱으쓱 자란다 나비야 나비야 이리 날아 오너라 호랑나비 흰나비 춤울 추며 오너라 찾아라 비밀에 열세 미로 같이 얼은 모험들 현실가또가는세상 환상에 디지털 세상 환상에 디이지털 세상 펼쳐라 마은속 날개 이대로 멈출수업서 신나는시작도싶고 어둠끌고나가자 어저다 함정 소개 빠질지 라도 위기에 파도속에 빠질지라도 생각한대로있고또있어 우리가 가는곳은 어디든 디지몬친구들 렛으꼬오레으꼬오 세상을 구하자 레으꼬오레으꼬오 승리는 언제나 우리에 것 제목 노래자랑 나는 할머니 집에서 노래 자랑 했다 거기에는 부산에서 오신 할머니도 게셨다 우리는 할머니를위해 노래를하였다 할머니는엄마에 외할멋니였다 제목 종이접기 나는 오늘 종이접기를했다 오늘은 해바라기 브로치를 만들었다"

마중

일주일에 세 번
수영장에 다녀오는 다솜이를
마중하러 나간다

셔틀버스를 타고 내릴 때
조심조심 손들고
횡단보도 걸어오는 딸아이를 보며

참 많이 컸구나 생각할 즈음
아빠가 기다리니 정말 좋아
손잡고 걸으니 더 좋아

불현듯 나 어릴 때
집에 돌아오면 반기던 할머니가
생각난다

아빠 엄마 제대로 부르지 못하고
자라나던 그 때의 기억이
내 아이에게는 되풀이되지 않기를

기대하며 소망하며
딸아이를 마중나간다
조심하며 큰 사랑을 품고 나간다.

닮은 꼴

초등학생이 되면서
부쩍 커버린 다솜이
어느덧 아내의 쫄티옷을 입으면
몸에 꼭 맞는다

이러다가 통통이 아니라
뚱뚱해질지도 모른다며 밤마다
아내와 줄넘기 달리기를 하지만
날씬해져만 가는 사람은 아내 뿐

동글동글 통통한 얼굴이
내 어릴 때 모습이랑 똑같다

입을 다물고 있는 것도
쌍꺼풀이 없는 것도
게다가 잠잘 때
뱅글뱅글 돌아다니는 것마저도.

무지개

무엇이 될까
저리 마음이 착해서
무엇이 될까
저리 눈물이 많아서
무엇이 될까
저리 다 빼앗기고서

그러고 보니
이 걱정은 근심이 아니라
축복임을 깨닫는다

착한 만큼 기쁘고
눈물이 많은 만큼 악하지 않고
빼앗긴 만큼 베푸는 마음이
있으리니

어디에선가
무엇이 될까
걱정보다는

다솜이의 눈망울에

펼쳐지는

미래의 청사진을 보며

희망의 무지개를 발견한다.

아빠의 소망

무럭무럭 자라거라
허우대 좋은 큰 나무보다
실속있는 기둥으로 자라거라

아름답게 자라거라
미스코리아보다 더 예쁜
베풀 줄 아는 사랑으로 자라거라

힘차게 자라거라
믿음과 소망을 가지고 굳센
바위되어 반석으로 자라거라

없을 때 있으며
놓을 때 도리어 있게 되는
감사로 자라거라

우리 아빠

우리 아빠는
토요일이 되면
일찍 오신다
놀이터에 갈 약속을 지키러

그러면
나와 동생 다빈이는
아빠 빨리 놀이터에 가

하지만 아빠의 대답은
추워서 안 돼
황사 때문에 안 돼
비에 놀이기구가 젖어서 안 돼

아빠는
아빠는
거짓말쟁이가 된다.

– 다솜이의 시(2002. 4. 13)

우리 엄마

우리 엄마는
야단치는 게 무섭다
우리 학교 선생님보다
더 무서운 우리 엄마

내가 학교에서
숙제할 준비물 안 가져 오면
당장 학교 갔다 와!

하지만
엄마는 거의 매일 봐 준다
고마운 우리 엄마 미안하다고
메일로도 써 놨다.
엄마에게 내 마음을 전해야 하는데

엄마!
I love you.

– 다솜이의 시(2002. 4. 13)

동생 다빈이

다빈이는
말썽꾸러기
장난꾸러기

유치원에서
돌아오면
내 별명을 부른다

야!
솜사탕!

정말 귀여운
내 동생 다빈이.

– 다솜이의 시(2002. 3. 28)

제 2 부
산 문

시험과 핸드폰

며칠 전부터 다솜이가 공부를 하느라고 법석이다.

물론 그 동안도 공부를 열심히 안한 것은 아니지만 왜 그런지 유난스럽다. 저녁 무렵 대화를 나누고 있던 나와 아내에게 접근한 다솜이는 콧소리까지 앵앵거리며 앵겨 붙는다.

"아빠, 엄마 나 핸드폰 사 줘. 응?"

나는 다가오는 다솜이를 안으며 물었다.

"아니, 무슨 핸드폰이니? 다솜아! 아직 너에게는 필요하지 않다고 보는데~."

"아빠, 우리 반에도 핸드폰 가진 애가 두 명이나 있어."

이번에는 아내가 말했다.

"그래도 안 돼. 넌 아직."

평소 같으면 엄마 소리에 '끽' 소리도 못하던 다솜이가 이 날은 달랐다.

"아빠, 엄마. 그으럼~, 이번 시험에 올백 맞으면 핸드폰 사 주라, 응?"

'이런 속셈이 있었다니~.'

아내와 나는 똑같이 눈을 맞추었다. 입을 다물고 눈을 팍 내리깔고 있는 나를, 한 번 힐끗 보던 아내는 다솜이를 향해

다시 말문을 열었다.

“아니, 다솜아. 넌 초등학교 4학년이잖아? 4학년이 무슨 핸드폰이니? 응?”

“엄마, 우리 반 애들도 있어. 두 명이나 말야. 그리고 가장 중요한 건 내가 정말 갖고 싶다는 거야. 응? 엄마! 난 요즘 올백 맞게 해달라고 하나님께 기도하고 있거든. 그러니까 내가 올백 맞으면 아빠, 엄마가 기분 좋으니까 선물 사줄 거 아냐? 그것을 핸드폰으로 해 달라 이 말야.”

아! 나의 큰딸 다솜이는 ‘생각의 고수’였다. 그 정도까지 생각한 정성만으로도 핸드폰 하나 사줄까 생각하다가 ‘아니, 아직은 아냐’, 생각을 접었다. 그런데 아내는 나의 생각과 달리 말하고 있었다.

“다솜아! 그럼 좋아. 국, 영, 수 세 과목 모두 올백이어야 하는 거야. 네 스스로 결심한 거니까 엄마도 아빠도 한 번 널 믿어볼게.”

다솜이의 얼굴이 환하게 밝아졌다. 이미 올백을 받은 것이고, 핸드폰도 손에 넣은 듯이 말이다.

다솜이는 공부에 열심이었다. 퇴근을 했더니 아내가 나를 맞이하며 한껏 웃었다.

“왜 그래? 무슨 일 있었어?”

아내는 연신 웃음을 참지 못하며 말했다.

“여보, 다솜이가 말야. 학교에서 오자마자 정말 열심히 공부를 하는거야. 그리고 다빈이를 오라고 해서 말한거야. 다빈아! 늬 기도는 하나님이 잘 들어주시니까 언니가 올백 받아서 핸드폰 갖게 해달라고 꼭 기도해 줘. 응? 그런거야."

나도 아내의 말에 웃음이 나오기 시작했다. 아내는 말을 이어서 계속했다.

"다빈이는 '응' 그러더니 고개를 끄덕이고 말야. 얼마나 귀엽고 웃기던지~. 그냥이라도 하나 사주고 싶었다니까."

이러한 정성은 두 딸의 잠자리에서도 나타났다. 침대에 딸들을 눕히고 자기 전 기도를 꼭 해주고 있다. 그런데 이 날도 다솜이의 이마에 손을 얹고 축복기도를 하며 평안하게 잘 수 있기를 소망하며 기도를 드리고 마무리 하려고 하는데, 다솜이가 눈을 살며시 떴다.

"아빠, 올백! 핸드폰!"

나를 바라보며 말하는 이 말은 핸드폰 기도가 빠졌다는 것이다. 나는 엉겁결에 빠진 기도를 보충했다. 한편으로는 정말 올백을 주시려나, 아니면~ 생각하며~.

며칠 후 다솜이가 컴퓨터 앞에 앉아 낑낑대고 있는 것을 발견했다. 나를 보더니 다솜이는 반가운 듯이 말했다.

"아빠, 이것 표 좀 그려줘."

"응, 그래. 다솜아! 이게 뭔데?"

하며 다가갔다. 내 눈에 띈 것은 공부 계획표였다.

"아빠, 이렇게 계획을 세워서 매일 공부를 하면 좋을 것 같아서, 그래서 계획을 짜는건데 표를 못 만들겠어."

그 학습계획표에는 매일 두 과목씩 적혀 있었다. 이렇게 스스로 공부 계획을 짤 수 있도록 하나님께서 다솜이의 기도 가운데 지혜를 주셨다는 생각이 들었다. 다솜이는 스스로도 공부 계획을 세운 것을 매우 자랑스럽게 생각하였다. 아내와 나도 역시 그러했다.

그 날 밤, 여느 때처럼 다솜이 앞에서 기도하는데, 다솜이가 조용히 말했다.

"그런데~ 아빠. 하나님이 내 기도 안 들어주시면 어떡하지? 올백 못 맞으면 말야."

나는 미소를 띠며 말했다.

"다솜아! 하나님은 네 기도를 듣고 계시니까 응답해 주실 거야. 하나님도 네가 핸드폰이 필요하다고 생각하시면 올백을 주실 거고, 필요하다고 생각지 않으시면 아마도 안 주시는 걸로 응답하시겠지. 그러니까 네가 못 갖게 되면 하나님께서 아직은 다솜이에게 핸드폰은 필요치 않다는 신호로 받아들이면 되는거지. 알겠니? 다솜아!"

다솜이는 고개를 끄덕이며 말했다.

"응, 아빠."

시험을 치른 날.

다솜이는 왕방울만한 눈물을 달고 들어왔다고 아내는 나에게 전했다. 다른 과목은 잘 모르겠지만 수학은 약 70점대라는 것이다. 평소 때보다도 가장 낮은 점수였다. 하나님께서 '아

12:32
12:32

직 아니다'라는 것으로 응답하셨구나 생각하면서도 다솜이가 많이 슬퍼할 것 같아 마음이 짠했다.

풀이 죽어 있는 다솜이에게 살며시 다가가 말했다.

"다솜아, 하나님은 다솜이를 정말 사랑하시는 것이 틀림없어. 그치?"

다솜이는 무슨 애기인가 의아한 눈빛으로 나를 쳐다보았다.

"그러니까 하나님은 너에게 이번 시험을 통해 올백을 주실 계획이 아니라, 공부를 스스로 할 수 있는 공부 계획을 짤 수 있는 지혜를 주신거야. 그러니까 다솜이는 이제 더 열심히 계획대로 공부하면 계속해서 올백을 맞을 거야. 그렇지 않니?"

다솜이의 얼굴이 약간 환해지는 듯했다.

"다솜아. 하나님은 널 사랑하셔. 그리고 네가 필요한 것도 다 아시고, 다솜이는 하나님의 예쁘고 귀한 딸이니까. 네가 원하는 것 하나님의 때에 다 들어주시는거야. 어때? 다솜아! 아빠 말이 맞는 것 같으니?"

"응, 아빠. 그래도 핸드폰을 갖고는 싶어. 하지만 할 수 없지 뭐. 하나님이 알아서 주실테니까. 나, 이제 정말 계획표대로 매일매일 예습복습 할거야."

하나님의 음성을 들을 줄 알고 받아들일 줄 아는 다솜이. 하나님께서 다솜이를 통하여 영광 받으시리라 믿는다.

다솜이가 회장이 되었어요

큰딸 다솜이는 초등학교 4학년이다. 3학년 때는 부회장을 했었는데, 그래서인지 4학년 1학기에 회장이 되지 못한 것을 아쉬워하고 한 학기를 지나고 있었다.

"다솜아, 너는 왜 회장이 되고 싶은데?"

하고 물으면 다솜이는 이렇게 말했다.

"응, 그래야 선생님도 도와드리고, 애들도 도와줄 수 있잖아."

얌전하게 대답하는 딸이 예쁘고 사랑스러우면서도, 나는 교사라는 직업 의식은 어쩔 수 없는 것인지 이렇게 덧붙이고야 말았다.

"다솜아, 회장같은 임원이 안 되도 얼마든지 선생님이나 아이들을 도와줄 수 있거든. 어떤 면으로는 그게 더 훌륭한 거야. 안 그럴까?"

다솜이는 별로 격려가 되지 않는 듯한 눈빛으로, 아니면 '아빠 맞어?' 하는 표정으로 나를 주시했었다.

다솜이가 열심히 기도하기 시작했다. 동생 일곱 살 다빈이에게도 중보기도를 요청했다.

"다빈아, 언니가 회장 되면 한 턱 쏠게. 응? 너두 꼭 기도해

죠, 응?"

"응, 알았어. 언니. 내가 꼭 기도할게."

어린 두 딸이 열심히 기도하는데 아내도 동참을 했다. 하지만 나는 '회장이 되는 것이 뭐 그리 중요한가' 생각하며, 회장되게 해달라는 기도보다, 다솜이가 어리지만 학교 생활 속에서 예수의 향기를 드러낼 수 있게 해달라는 내용으로 주로 기도했다. 다솜이가 여름수련회 때 하나님의 은혜를 체험하고 마음가짐이나 행동, 생각하는 것이 무척 성숙해졌다. 게다가 어느 날 목욕탕 문을 벌컥 열더니 하는 말,

"아빠, 나 가슴 나왔다. 조그맣게 말야. 이봐!"

하며 웃옷도 전혀 입지 않은 채 다가오는 다솜이를 보며 나는 이렇게 말했다.

"와, 다솜아! 축하해. 이제 어른이 되는구나. 아빠가, 늬 처음 껴 그거 가리개 내가 사줄게."

옆에 있던 다빈이가 소리쳤다.

"아빠, 그거 가리개가 뭐야? 브라자지?"

학교에서 일을 보고 있는데 다솜이가 전화를 했다. 다솜이의 목소리가 팍 가라앉아 있었다.

"아빠, 오느을 회장 선거를 했거든."

풀이 죽어 말하는 다솜이의 모습이 연상되었다. '결국 안 되었구나.' 생각하며 위로의 말을 어떻게 하나 준비하고 있는데, 갑자기 다솜이가 소리쳤다.

"나!!! 회장 됐다!"

"아니, 이 녀석이~."

"아빠 그런데 우리 반 애들이 거의 표를 다 나에게 몰아주었어."

"그래? 몇 표 나왔는데?"

"모두 36명인데 27표가 나왔어."

신나게 말하는 다솜이의 옆에서 다빈이가 뭐라고 한참 떠드는 소리가 들렸다.

"다솜아! 다빈이 뭐라고 그러는거니?"

"몰라, 얘 맨날 이렇잖아. 집에 와서 들어 봐, 아빠."

"그래, 다솜아! 회장 된 것 축하해. 하나님께서 네 기도를 들어주셨구나. 우리 기도 한 번 하자. 전화기 귀에다 가까이 댔니?"

"응, 아빠."

나는 전화 수화기를 입에 가까이 대고 감사 기도를 드렸다.

"하나님, 우리 다솜이를 학급 회장이 되게 해주셔서 감사합니다. 선생님 잘 도와드리고, 친구들을 위해서도 섬기고 열심히 봉사할 수 있도록 주님이 인도해주세요. 학급을 이끌어 갈 때 지혜와 분별력을 더하여 주시고, 항시 예수님의 향기가 드러날 수 있도록 사용해주세요. 기도에 응답해 주신 하나님을 찬양하오며 예수님의 이름으로 기도합니다. 아멘!"

퇴근을 했다. 아내도 기분이 좋아 보였다.

"여보, 다솜이가 회장이 되다니, 사실 회장 된 것보다 저 아이가 이렇게 잘 크고 있는 것이 너무 감사해."

그도 그럴 것이다. 다솜이가 네 살이 될 때까지 나와 아내는 부부싸움이 많았고, 또 내가 기도하는 가장으로 변하기 전이었기에, 어린 다솜이는 내성적으로 그저 얌전한 아이로 성장하고 있었던 것이다. 그 아이가 이렇게 밝아지고, 친구들이 거의 몰아서 회장으로 밀어주었다는 것은, 그만큼 친구들에게도 인정을 받는다는 것이니 만큼, 아내는 엄마로서 참으로 감사한 일이 아닐 수 없었던 것이다.

다솜이를 다시 한 번 축하하고 학급 생활에 대해서 물어보려고 하는데, 샘 많은 다빈이가 옆에 와서 소리쳤다.

"아빠, 내가 기도했단 말야. 언니 꼭 회장 되게 해달라고."

'으이구.' 호들갑을 떠는 다빈이.

"그래그래. 하나님께서 다빈이 기도에 응답해 주신 거구나. 언니가 다빈이에게 고맙다고 해야겠는데~."

다솜이는 눈치 빠르게 말했다.

"고마워, 다빈아! 약속대로 언니가 한 턱 쏠게."

그렇게 몇 일이 지나는 금요일. 학교 일이 있어 좀 늦게 퇴근을 했다. 아내는 금요심야기도회 찬양을 준비하고 있었고, 다솜이와 다빈이도 옷을 갈아 입고 있었다.

"아니, 어디들 가니?"

다빈이가 말했다.

"응, 아빠 금요기도회 가는거야."

"너희들도? 그러면 11시도 넘을 텐데, 졸리지 않겠어?"

"응, 괜찮아 아빠, 언니가 꼭 가고 싶대."

다솜이의 얼굴이 유난히 환하다는 생각을 했다. 다솜이가 활짝 웃으며 나에게 말했다.

"아빠, 우리 가족 모두 금요심야기도회 꼭 가자. 응? 나도 이제 매번 가고 싶어. 다빈이도 가기로 했고 말야. 그러니까 아빠도 금요일 날 일찍 들어와서 우리 모두 같이 가면 좋겠어."

나는 그동안 여러 분주한 사역과 학교 일로 금요 심야기도회를 거의 가지 못했었다. 딸 아이를 통해 들려오는 이 소리는 무엇인가. 결국 더욱 기도하라는 하나님의 음성이 아닌가. 나는 다솜이와 다빈이에게 말했다.

"알았어, 다솜아, 다빈아! 아빠도 이제 금요일은 좀 일찍 들어와서 엄마하고 너희들하고 꼭 금요기도회 갈게. 근데 오늘만 봐죠. 응? 아빠가 꼭 정리해야 할 것이 있거든."

"응, 알았어. 아빠! 우리 다녀올게."

아내와 두 딸이 "랄랄라" 하며 교회로 갔다.

잠시 자리에 앉아 기도했다. 한 치의 오차도 없이 기도의 자리로 예배의 자리로 당겨주시는 하나님의 손길을 느낄 수 있었다. 기도하기를 원하시는 하나님. 그 대열에 우리 어린 두 딸이, 그리고 나와 아내, 우리 가정이 있다는 사실이 감사했다.

심야 기도회를 마치고 돌아 온 두 딸은 바로 깊은 잠에 빠졌다. 나는 아내에게 물었다.

"여보, 다솜이하고 다빈이가 왜 심야기도회까지 이렇게 가려고 하는 거지? 당신이 가자고 했어?"

아내는 웃으며 말했다.

"아니, 오히려 말렸지. 좀 큰 후에 해도 된다고~. 다음 날 늦잠 자서 지각하면 안 된다고 말야. 그런데 다솜이가 막무가내야."

"아니, 왜?"

"다솜이가 이번에 회장을 정말 하고 싶었던 가 봐. 그래서 열심히 기도했고, 다빈이한테까지도 기도 부탁 한 거 알지? 그런데 이번에 그렇게 학급 아이들이 많은 표로 자기를 회장으로 뽑아준 것이 하나님께서 자기 기도에 응답하시고, 또 그렇게 만들어 주신 것으로 너무 감사해 하는 거야. 그래서 하나님께 감사의 뜻으로 자기 용돈에서 감사 헌금도 냈거든. 다솜이 용돈이 2만 3천원 있었는데 그중에서 헌금을 5천원을 할까, 만원을 할까 망설이다가 나에게 물어보더라구. 그래서 만원 하라고 했어. 또 하나님께 기도도 너무 하고 싶다는 거야. 그러면서 금요일 날 심야 기도회를 간다는거야. 그렇게 된거야. 게다가 당신까지 같이 가니 참 좋으네. 정말 감사하고~. 우리 딸 너무 기특하지, 여보."

가슴속에 찌릿찌릿하는 감동이 전해졌다. 아내와의 대화를 통해 어린 딸에게까지 섬세하게 간섭하시는 하나님의 손길을 진하게 느끼는 밤이었다.

결혼 기념 이벤트

2004년 11월 7일. 결혼 12주년을 맞이했다.

무엇을 하면 좋겠냐는 나의 질문에 아내는 웃으며 간단히 대답했다.

"우리는 매일 매일이 결혼기념일 같은데 뭘 따로 할 필요가 있어? 괜찮아."

'그래도~' 그냥 지나가긴 좀 서운한 것 아닌가 생각하며 그날 오후를 맞이했다.

퇴근 무렵인데 두 딸들의 전화가 쇄도했다. 초등학교 4학년인 다솜이의 일갈,

"아빠, 왜 빨리 안 와? 응?"

조금 있더니 일곱 살 다빈이가 또 전화를 해댄다.

"아빠, 빨리 오란 말야. 응?"

나는 일부러 큰소리를 냈다.

"아니, 이 녀석들이~ 퇴근을 해야 집에 갈 것 아냐? 응? 아빠 지금, 언니 오빠들 학교에다 다 놔두고 집으로 도망갈까? 응? 쫌만~ 기다려요."

집으로 향하는 차안에서도 아이들이 왜 그러는지 궁금증은 머리 한 가득을 채우고 있었다.

현관문을 들어서는데 다솜이가 부리나케 내려오더니 내 가방을 들고 쇼핑백까지 낼름 받아 챙기며 들어오지 못하게 한다. 다빈이는 보이지 않고~.

이윽고 아내가 다솜이에게 호출을 당해 현관 앞 내 옆으로 끌려 내려왔다. 우리 집은 현관을 지나 2층 계단을 통과해야만 한다.

"아빠, 엄마. 잠깐 기다려 봐."

하면서 이층에다가 다시 소리를 지르는 다솜이

"다빈아, 준비 됐니? 시작한다."

이층에서 "응, 언니."하는 다빈이의 소리가 들렸다.

'이 녀석들이 뭔가를 꾸몄구나' 하는 생각으로 아내와 나는 서로 눈을 마주치며 기대와 호기심으로 웃었다. 다솜이는 나란히 서 있는 우리의 팔짱을 끼워 주며 말했다.

"에~. 지금부터 우리 아빠 최관하, 엄마 오은영의 결혼 12주년 기념 행사를 시작하겠습니다. 아빠, 엄마는 옛날 결혼 때를 생각해서 똑같이 팔짱을 끼고 입장을 해주십시오. 이 계단을 올라가시면 됩니다."

아내와 나는 활짝 웃으며 그 좁은 계단을 서로 등을 양쪽 벽에 부딪치며 올라가기 시작했다. 그 때였다.

하늘에서는 아니 우리 머리 위에서는 종이 꽃가루가 떨어지기 시작했다. 다빈이가 계단 위에서 "우와, 축하해!"하며 여러 색깔의 색종이를 뿌리는 것이었다.

내 가슴에서 무엇인가 뭉클한 것이 올라왔다. 아내도 그러

했다. 아이들의 이 잔치에 아내와 나는 깊은 감동을 맛보고 있었다.

색종이 세례 를 받으며 방으로 들어서자 다솜이와 다빈이는 그 앞에 나란히 섰다. 다솜이가 말했다.

"자, 다음 순서는 아빠, 엄마가 서로 사랑의 뽀뽀를 하는 순서입니다. 만약에 부끄러우면 저희는 나가 있어도 됩니다."

나와 아내는 이구동성으로 말했다.

"아냐 아냐, 우리는 너희 있어도 잘 해. 자, 여보!"

누가 먼저랄 것도 없이 우리는 뽀뽀를 했다. 우리보다 더 얼굴이 상기된 두 딸은 자신들이 계획한 이벤트가 순조롭게 진행되고 있는 것이 얼마나 좋은지 우리보다 더 즐거워하는 것 같았다.

"자, 이번에는 선물! 다빈아 얼른 갖고 와."

다솜이와 다빈이는 조그마하게 포장한 선물을 우리에게 건

넸다.

그 안에는 자신들의 용돈으로 산 듯한 아내의 화장품, 그리고 열쇠고리, 직접 그림을 그려 만든 축하 엽서 등이 있었다. 순수하게 아이들끼리 머리를 맞대고 고민하고 또 이렇게 진행하는 것을 생각하니 얼마나 감사한지 몰랐다.

작은 것이었지만 자기들의 용돈을 털고 또 함께 기뻐하는 우리 가정! 아내와 나는 그 어떤 결혼기념일보다 더 행복한 날을 보내었다.

일곱 살 다빈이의 엽서에는 이렇게 씌어져 있었다.

"아빠, 엄마. 결혼해서 언니하고 나하고 낳아주시고 우리 아빠, 엄마가 되어주셔서 고마워요. 더 이쁜 딸 될게요! 다빈"

아이들의 가정 예배

"다솜아, 다빈아 아빠 왔다."

항시 퇴근을 하여 집에 들어설 때면 나는 이렇게 외치곤 한다. 그러면 한 집에 사는 세 여자의 반응은 조금씩 다르다.

아내는 두 손을 가지런히 배 밑으로 내리며 "다녀오셨습니까?"하고 정중히 인사를 한다. 처음에는 어색했는데 무척 진지하게 인사를 하여 나도 절로 고개가 숙여지기도 한다.

초등학교 4학년인 큰딸 다솜이는 방안에서 책을 본다든가 피아노 치던 일을 멈추지 않은 상태에, 잠시 손을 들거나 얼굴을 돌려, "아빠, 안녕!" 하고 성격대로 얌전히 반응을 보인다.

둘째 딸 다빈이는 한 마디로 난리가 난다. "아빠다!" 외치곤 쿵쾅쿵쾅 뛰어와서는, 2층 계단을 올라가는 나에게 사정없이 점프, 그렇게 매달린다. 그리고 목을 조르다시피 껴안는다. 세 여자의 모습과 성격과 하는 행동은 다 다르지만, 한 집의 가장인 나를 향한 마음은 동일시되어 있다. 그래서 나는 무척 행복하다.

겨울의 끝자락에 서 있다. 스산한 바람이 부는 저녁 무렵 그 날도 나는 퇴근을 하고 집에 들어섰다. 대문을 들어서면 예의 다빈이의 쿵쾅 소리가 들려야 하는데 그 날 따라 잠잠하다. '어디들 갔나' 생각하며 현관을 지나 2층 계단을 올라섰다. 그

런데 다빈이가 눈이 빨개져서 서 있는 게 아닌가. 나는 놀라서 말했다.

"아니, 다빈아! 왜? 울었니? 언니랑 싸웠니?"

다빈이는 눈물이 글썽한 상태였고 그러면서도 그것은 아니라는 신호로 도리질을 쳤다. 방에서 나오는 다솜이도 눈이 벌갰다. 둘이 눈물 흘리며 운 것은 분명한데 이상야릇한 것이 이야기를 해달라고 할 분위기는 아니었다.

나는 궁금증을 억제하고 아이들의 모습을 살폈다. 싸운 흔적은 거의 없고, 눈물은 흘렸고, 그렇다면~. 나는 확신을 가지고 방으로 들어 가 있는 다솜이와 다빈이에게 미소 띤 얼굴로 물었다.

"너희들! 기도하다 운거지?"

최근에 들어서면서 아이들이 가정예배에 더욱 매달리기 시작했다. 놀이를 해도 교회의 놀이, 목사님 흉내, 교회 교사의 하는 행동 등을 본뜨며 그렇게 놀더니 급기야 가정예배를 두 딸이 부르짖기 시작한 것이다.

"아빠, 이번 주에는 우리 가족 모두 기도 제목 써서 기도하는 거니까 알았지? 가정예배 드려야 돼."

평일에는 늦은 일정이 나뿐만 아니라 아내에게도 많기에 정기적인 가정 예배는 좀 어려웠다. 그래서 매일은 아니어도 주일 저녁만큼은 꼭 가정예배를 드리자고 한 상태였다.

내가 넘겨짚은 말은 적중했다. 다솜이와 다빈이는 고개를 끄덕하였다.

'그런데 이 녀석들이 왜 이렇게 울었을까.'

기도하다 울었다는 그 내용이 몹시 궁금해졌다. 그러나 아이들은 아무리 물어도 대답을 하지 않았다. 쑥스러움일 것이다.

결국 아내가 그 비밀을 알아냈고 나는 아내를 통해 이야기를 전해들을 수 있었다.

다솜이와 다빈이가 마주 앉았다. 그리고 찬송가를 하나 부르고, 메시지 선포는 다솜이가 했다. 엄마가 얼마 전에 설명해주었던 창세기 부분, '5일은 좋았더라 6일째는 심히 좋았더라'라는 만물 창조와 인간 창조를 동생 다빈이 앞에서 설교(?)했고 다빈이는 들었다.

그리고 우리 가족의 기도 제목을 놓고 기도하기 시작했다.

열 살, 일곱 살의 자매가 손을 붙잡고 소리내어 아빠, 엄마를 놓고 기도하기 시작한 것이다. 그러더니 급기야 언니, 동생을 놓고 서로를 위해 기도하던 중에 다솜이와 다빈이는 서로 부둥켜 안았다. 그리고 울며 외치기 시작했다.

"다빈아, 너는 정말 예쁘고 착한 동생이야. 엉엉엉."

다빈이도 울며 소리쳤다.

"언니, 언니는 정말 좋은 언니야. 앙!앙!앙!"

이렇게 한참을 부둥켜 안고 울며 기도했던 것이다. 그리고 이 아이들의 기도가 마무리 될 즈음 내가 퇴근해 들어선 것이다.

이 이야기를 아내를 통해 전해 들으며 나의 입가에는 미소가 눈에는 눈물이 고였다.

'내가 이렇게 기쁜데 하나님께서는 얼마나 기쁘실까. 감사합니다. 하나님. 우리 집은 천국이네요.'

아빠 우리 노래방 가!

큰딸 다솜이와 데이트하는 날을 결정했다. 빠듯한 시간을 할애하여 이틀 전에 아빠랑 데이트하는 날이라는 사실을 알려주었다. 데이트 하루 전날 다솜이는 말했다.

"아빠, 학교에서 친구들이 아빠랑 데이트한다니까 놀려"

"아니, 왜?"

"데이트는 이상한거래."

나는 그제서야 아이들의 대화를 이해할 수 있었다. 초등학교 2학년 아이들의 데이트라는 말에 대한 개념은 연인들의 그런 '만남'으로 생각했던 것 같다. 나는 다솜이에게 말했다.

"다솜아, 데이트는 그냥 '만난다'는 뜻이야. 그러니까 아빠랑 데이트한다고 해도 되는 거야"

다솜이는 펄쩍 뛰며 좋아했다. 샘 많은 다섯 살 다빈이를 피해 몰래 전화로 다솜이를 불러냈다. 비가 보슬보슬 오는 저녁 7시 가량. 우산을 받쳐들고 걸으며 어디로 갈까를 생각했다. 검정색 위아래 옷을 입은 다솜이의 머리칼이 빗줄기 속에 유난히 길다고 느꼈다.

"다솜아 뭐, 갖고 싶은 것 있니?"

"응, 아빠."

"그래, 그럼 아빠가 오늘 선물 사 줄게. 가자."

다솜이는 근처 쇼핑센터로 나를 안내했다. 이것저것 고르더니 장난감 두 개를 집고 둘 다 사면 안되냐고 물었다. 하나는 24,000원 하나는 10,000원이었다.

"다솜아, 아빠랑 오늘 마을버스 타고 신촌 가기로 했지? 그러니까 부피가 큰 거면 좀 곤란해. 하나만 사면 좋겠는데~."

"아잉. 두 개 다 마음에 드는데. 할 수 없지. 아빠, 그럼 이건 다음에 다빈이 사 줘. 알았지?"

"그래, 그렇게 하자."

"그럼, 뭘 사지?"

나는 다솜이에게 말했다.

"다솜아. 우리 이렇게 하자. 다솜이가 그 두 개를 아빠에게 주고 뒤를 돌아 있어. 그리고 아빠가 손을 들라고 하면 오른손이든 왼손이든 하나만 드는거야. 알았지?"

다솜이는 오른손을 들었다. 바로 저는 마음속으로 '만원 ~ 만원~' 했는데 하하하, 다솜이는 내 오른손에 들고 있던 24,000원 짜리를 선택하고야 말았다.

신촌에 갔다. '민들레영토'라는 조용한 카페에 가서 다솜이를 앞에 놓고 분위기를 잡은 후 '다솜이를 사랑하는 20가지 이

유'를 읽어주려고 계획하고 있었다. 그런데 돌발 사태가 발생했다.

"아빠, 우리 노래방 가자. 가고 싶어"

"웬 노래방?"

"우리 한 번도 안 가봤잖아. 한 번 가자. 아빠, 응?"

"그래, 그러자."

신촌 창천교회 옆 쪽의 노래방에 들어갔다. 30분 시간을 달라고 하고 자리를 잡고 마이크를 다솜이에게 건네주고 하나는 내가 잡았다. 다솜이의 보조를 맞출 요량으로.

만화 영화 주제가와 동요 등 다솜이가 좋아할 만한 노래를 가득 집어넣었다. 내가 마주 보고 있는 상태에서 다솜이는 노래를 하기 시작했다.

아! 나는 그 때 다솜이의 노래하는 모습을 통해 내가 얼마나 부족한 아빠였는지를 알게 되었다.

'다솜이가 이 노래를 부를 때는 입모양이 이렇구나 동작은 저렇구나, 가장 좋아하는 노래가 이거구나.' 하는 것을 처음 느꼈던 것이다. 집이나 교회에서 찬양을 하거나 학교에서 노래하는 것과는 다른 느낌이 있었다.

다솜이의 입모양이 나팔꽃 모양으로 벌어지기도 하고 때로는 오므라들기도 했다. 더욱이 '포켓몬스터 주제가를 부를 때

는 자리에서 일어나 춤을 추다시피 하며 부르는 것이다. 딸 아이의 노래하는 모습을 알게 된 것은 정말 감사한 일이 아닐 수 없다.

5분을 남기고 나는 다솜이에게 말했다.

"다솜아, 아빠가 다솜이에게 줄 글을 쓴 게 있는데, 지금 읽어 줄게."

나는 마이크를 잡고 '다솜이를 사랑하는 20가지 이유'를 읽었다. 그리고 다솜이를 가슴에 안고 기도했다.

"다솜아, 기분이 어때?"

"응, 좋아 아빠. 데이트 많이많이 했으면 좋겠다."

노래방을 나오며 집으로 향했다.

"다솜아, 오늘 재미있었니?"

"응, 아빠, 그런데 속상한 게 있어."

나는 가슴이 뜨끔했다. 무엇을 잘못한 일이 있나 하는 생각에~. 그러나 다음 이어지는 다솜이의 말은 나를 감동시키기에 충분했다.

"아빠, 오늘 일기 쓰는 숙제가 없어서 일기장을 안 가지고 왔거든. 오늘 들어가서 바로 일기 쓰면 참 좋을텐데~. 할 수 없이 내일 써야겠네."

저, 쟤랑 짝하게 해 주세요

"여보 우리 딸 어떡해?"

퇴근하여 집에 들어서는데 아내가 나를 보자마자 눈물이 글썽글썽해서 말한다.

"왜? 무슨 일 있었어?"

나는 무슨 사고라도 난 것은 아닌지 마음을 가다듬으며 물었다.

"글쎄 다솜이가…. 학교에서… 자리를 바꿔 앉았는데… 너무 눈물이 나와서…."

다솜이는 초등학교 3학년. 나의 큰딸이다.

'다솜'이라는 말은 '사랑'이라는 뜻의 고유어로 이 세상에서 항시 '사랑을 베풀며 살라'고 내가 지어준 이름이다.

직감적으로 나는 안 좋은 일이 아니라는 판단에 아내를 놀리며 나섰다.

"아니 당신 웬 일야. 청산유수, 논리정연의 대명사인 당신이 오늘 이렇게 버벅거리다니. 이거 토픽감인걸."

"내가 뭘? 그런데 아마 당신도 그 사연을 알면 감동 먹을걸…."

다솜이를 불러서 상세하게 이야기를 들어보니 며칠 동안 다음과 같은 일이 있었다.

다솜이 반에 성준이라는 남자 아이가 있다. 그런데 성준이는 또래의 학급 남자 아이들에게 거의 매일 맞고, 따돌림을 당하고 있었다. 착한 성준이는 그것을 어쩌지 못하고 겨울이 올 때까지 그냥 참아 넘기고 있었다.

다솜이 반은 한 달에 한 번씩 담임선생님께서 자리를 정해 주신다. 담임선생님이 보셨을 때 서로 어울리는 아이들을 만나게 하고, 또 서로 친하게 골고루 사귀라는 의도에서다. 그동안 남자는 남자끼리, 여자는 여자끼리 짝을 해오고 있었다. 그런데 성준이는 남자 아이치고는 너무 수줍은 성격인지라 계속 다른 아이들에게 당하며 지내왔고, 그것을 지켜 본 다솜이의 눈에는 불쌍하게 보였던 것이다.

"아빠, 성준이는 왕따 당하는거야. 어휴. 나같으면 그러지 말라고 막 얘기할텐데, 성준이는 그냥 맞고만 있어."

나는 다솜이의 행보가 궁금했다. 그래서 어쨌다는건가. 이런 상황에서 이 어린 아이가 할 수 있는 일이 무엇이 있을까 잠시 생각하며 다솜이에게 물었다.

"응, 그랬구나. 성준이가 마음이 많이 상했겠다. 그래서 다솜아! 네가 뭘 어떻게 했니?"

"응, 아빠. 선생님께 편지 썼어."

"편지?"

"응."

"뭐라고 썼는데?"

다솜이는 짝을 바꾸는 날 아침에 그 편지를 담임선생님께 전달했다. 그 편지의 내용은 대략 다음과 같다.

"선생님. 저를 많이 사랑해주셔서 고맙습니다. 그런데 오늘이 짝을 바꾸는 날이잖아요. 선생님. 저, 성준이하고 앉게 해주세요. 성준이가 많이 불쌍해요. 다른 아이들이 괴롭히거든요. 그래서 제가 짝이 되면 보호해주려구요. 네? 선생님. 꼭 부탁드려요…."

내용을 듣는 나는 콧등이 시큰했다. 참으로 대견스러운 아이라는 생각이 들었다. 그러나 한편으로는 우리 딸까지도 그 장난꾸러기들에게 당하는 것은 아닌가 하는 우려도 들었다.

"다솜아, 그래서 선생님께서 성준이와 짝을 하게 해주시던?"

"응, 그랬어. 그런데 아빠. 선생님이 내가 보낸 편지를 애들 앞에서 읽어주시는거야. 얼마나 창피했는데!"

담임선생님께서 그 편지를 아이들 모두에게 읽어주셨다는 것에 대해 나도 의아했다. 그러나 생각해보니 담임선생님의 마음을 이해할만 했다.

먼저 다솜이와 같은 제자를 둔 것에 대해 기쁜 마음의 표현일 것이다. 얼마나 기특한 마음이 들었을까. 더불어 다솜이를 칭찬해주고 싶었기 때문일 것이다. 또 한 가지는 담임선생님이 사실을 다 알았으니까 앞으로 성준이를 절대로 힘들게 하지 말라는 악동들에 대한 선전포고이기도 했을 것이다. 그리고 가장 설명이 필요했던 것은 모두들 동성끼리 짝인데, 왜 다솜이만 성준이와 짝을 해주어야 했는지 그 이유를 학급의 아이들에게 설명할 필요가 있었기 때문일 것이라는 생각이 들었다.

다음 날, 아내가 다솜이의 교실 청소 순번이라 학교에 갔다. 그런데 만나는 선생님들마다 아내에게 인사를 하더라는 것이다.

"아이고, 어머니. 다솜이 어머니 맞죠? 어쩜 그렇게 예쁘고 착한 딸을 두셨어요."

아내는 너무도 기분이 좋아 퇴근을 한 나를 기다렸다가 이야기를 시작한 것이다.

"담임선생님이 온 교무실 선생님들한테 다 얘기를 한거야. 선생님이 그날 아침부터 마음이 편치 않았는데 다솜이 그 편지 때문에 마음이 다 풀리셨다구 그러시더라니까. 여보! 정말 우리 딸 잘 뒀지?"

아내는 눈시울을 붉히며 눈물을 흘리고 있었다. 나도 그랬다. 아마도 아내와 나는 똑같은 생각을 하고 있을 법했다.

다솜이가 태어날 때 아내와 나는 이틀이 멀다하고 다투고, 더욱이 나는 술에 쩔어 생활하고 있었다. 예술을 하는 사람들과 어울리며 밤을 낮으로 밝히고 혼자만의 낭만에 파묻혀 있을 때, 다솜이는 태어났다.

다솜이를 재워 놓은 상태에서 아내와 나는 부부싸움을 하였고, 홧김에 주먹으로 벽을 쳐 뼈에 금이 가는 황당한 사건이 있기도 했던 부끄러운 시절이 있었다.

다솜이는 네 살이 될 때까지 말을 하지 못했다. 배가 고프면 밥그릇을 들고 엄마를 붙잡았고, 쉬가 마려우면 바지를 붙잡고 끙끙대고 있었다. 아내와 나는 다솜이가 저능아가 아닌가 하는 의아심을 갖고 있었다. 그런 가운데서도 나는 아빠가 무엇을 어떻게 해야 하는지도 모르는 채 그렇게 허우적대며 결혼 생활 5년여를 지나오고 있었던 것이다.

그 힘들고 어려운 연단의 과정을 지나며 나는 예수님을 만났고, 기도하는 가장으로 거듭나게 되었다. 다솜이 또한 학급 부회장 등의 임원을 하며, 긍정적이고 적극적이고 말 잘하는 아이로 바뀐 것은 전적으로 하나님의 은혜였다.

나는 활짝 웃으며 말했다.

"다솜아. 정말 잘했구나. 역시 다솜이는 이름값을 하네. 다솜아! 그 이름 누가 지었지?"

다솜이는 명랑하게 대답했다.

"응, 아빠잖아."

나는 어느덧 훌쩍 커버린 다솜이를 안아주었다.

하나님의 사랑의 마음이 항시 나의 큰딸 다솜이를 통하여 펼쳐지기를 진심으로 기도한다.

강아지 다리에 붕대가 감겼어요

금년 어린이날에 아이들이 가장 선물로 받고 싶은 것은 강아지였다고 한다. 우리 집도 예외는 아니어서 열 살 다솜이와 여섯 살 다빈이, 두 딸 모두 강아지라면 자다가도 벌떡 일어난다. 강아지를 사달라고 몇 달을 조르더니 이제는 완강한 아내와 나 때문에 포기한 상태다.

그런데도 우리 집은 강아지가 많다. 거의 개집 수준이다. 모두 일곱 마리. 물론 그 일곱 마리 강아지는 모두 장난감 인형이다. 요즈음은 인형이 진짜인 것 같은 것이 많다. 다솜이와 다빈이는 그 강아지를 정말로 살아 있는 것처럼 애지중지 아끼고 쓰다듬고 뽀뽀도 한다.

"다솜아, 다빈아! 그 강아지는 가짜야, 장난감이라구."

하고 말하면 입을 쌜룩하며 다솜이는 말한다.

"아빠, 아냐. 얘는 쥬디고 얘는 뽀미고…. 그러니까 모두 우리 가족이야. 장난감 아니라구!"하며 강아지들의 이름을 말한다.

다빈이는 옆에서 "맞어, 맞어!" 하며 언니를 거들고.

추석 연휴를 아이들과 지내고 있었다. 오랜만에 안방, 옆방, 아이들 방 돌아다니며 책도 읽고 텔레비전도 보았다. 초등학교 3학년인 다솜이 책상에도 앉아 보았다.

놀이터에서 놀다가 아이들이 돌아왔다. 나는 두 딸 아이와 장난을 치며 놀기 시작했다. 여러 게임도 하고, 묵찌빠도 했다. 그런데 다솜이, 다빈이 주위에는 항시 그 장난감 강아지가 따라 다닌다.

“다솜아, 다빈아. 그 강아지 한 쪽으로 치우고 놀자. 방해되잖아. 응?”

“아냐, 아빠. 얘네들도 우리 가족이라니까. 그러니까 우리 같이 하는거나 마찬가지야.”

할 수 없었다. 한참을 이런저런 놀이를 하다가 나는 갑자기 장난끼가 발동했다. 다솜이 옆 방바닥에 있던 손바닥만한 강아지 인형들을 잡아 침대에다 던지기 시작했다.

“끼야호! 날아간다. 강아지!!!”

하며 말이다. 다솜이와 다빈이는 정말 “악!” 소리를 내며 이 돌발적인 상황을 어쩔 줄 몰라하고 있었다.

“아빠, 왜 이래? 갑자기 왜 이러는거야. 강아지 다치잖아.”

“아빠는 장난꾸러기야. 그만 장난해!”

두 딸아이는 흥분해서 나에게 덤비기 시작했다. 나는 이 아이들에게 강아지들은 장난감이라는 사실을 인식시켜주기라도 할 듯이 계속 던지고, 침대 바닥을 치기도 했다.

한동안 그렇게 호들갑을 떨다가 보니 두 딸아이의 얼굴이 심상치 않았다.

'내가 좀 심했나?'하면서도 '장난감인데 뭘….'하고 스스로 위로했다.

얼굴이 일그러진 다솜이가 말했다.

"아빠, 어떡해, 쥬리 다리가 부러졌잖아."

다솜이와 다빈이는 강아지들의 이름을 모두 지어주었다. 쥬리라는 인형은 내 손바닥 반만한 강아지인데 그중 가장 작은 강아지일 것이다. 그 강아지의 이름이 쥬리란다. 다리가 부러졌다는 다솜이의 말을 어찌 받아들여야 할지. 결국 나는 강아지의 다리를 부러뜨린 그래서 두 딸아이에게 상처를 준 나쁜 아빠가 되어버리고 말았다.

그 날 밤.

9시가 넘으면 잠자리에 드는 아이들인데 그리고 자기 전에 꼭 나를 불러,

"아빠. 잘거야. 빨리 기도해 죠." 하는 아이들인데 그 날은 이상하게 나를 부르지 않았다. 이미 잠이 들었나 하는 생각에 아이들 방으로 건너가 보았다.

아이들은 침대에 누워 있었지만 아직 잠이 든 상태는 아니었다. 항시 그랬던 것처럼 다솜이와 다빈이의 머리와 이불 곁에는 여러 인형 강아지들이 있었다.

"다솜아! 아직 안 잤구나. 다빈이도…."

"응……."

"그런데 왜 기도해달라고 안했어?"

하고 말하는 순간, 내 시선은 다솜이의 가슴에 포옥 안겨 있

는 한 마리 강아지에 멈추었다. 그런데 그 강아지의 다리에는 하얀 붕대가 친친 감겨 있는 것이아닌가.

"다솜아, 이게 뭐야?"

한동안 말이 없는 다솜이 옆에서 다빈이가 외쳤다.

"아까 아빠가 던져서 다리가 부러졌잖아. 잘 봐, 아빠! 피도 났단 말야."

이거 웃어야 할지 울어야 할지 만감이 교차하는 가운데 강아지를 넘겨받아 유심히 살폈다.

쥬리라는 강아지의 한 쪽 다리에는 하얀 헝겊이 정성스레 감겨져 있었다. 그런데 그 붕대 위로 붉은 피 같은 것이 드러나 있었다.

'아니, 이게 뭐야?'

그것은 붉은 매직으로 칠한 것이었다. 그 상태를 지켜보는 내 마음에는 슬퍼했을 딸아이들의 마음이 전해졌다.

'별 생각없이 장난한 건데….'

두 딸아이에게 상처를 준 것 같아 정말 미안해지기 시작했다.

나는 마음을 가다듬고 말했다.

'다솜아, 다빈아. 많이 속상했구나. 아빠가 장난한 것 몰라?'

다솜이가 누운 채로 조용히 대답했다.

"응, 아빠. 알아. 그렇지만 강아지가 불쌍하잖아. 그래서 다빈이하고 붕대 감은거야. 피도 났고…. 아빠가 진짜 강아지를 그런 식으로 던졌더라면 이렇게 됐을거야"

그 말을 듣는 순간 나는 어쩔 줄을 몰랐다. 나의 장난에 비해 아이들은 너무도 진지했던 것이다.

'그래서 기도해달라고도 안하고 그랬구나, 녀석들.'

나는 마음을 가다듬었다. 그리고 그 강아지를 안았다.

"야, 너는 참 행복한 강아지로구나. 우리 예쁜 딸 다솜이 다빈이가 네 곁에 있으니까 말야. 다솜아, 다빈아! 아빠가 잘못했어. 미안해. 다시는 그런 장난 안 할게."

아이들의 얼굴이 환하게 밝아졌다.

나는 두 딸 아이와 강아지들을 가지런히 놓았다. 그리고 다솜이와 다빈이의 손을 잡고 기도하기 시작했다.

"하나님, 우리 다솜이와 다빈이에게 아빠인 제가 오늘 슬프게 했습니다. 용서해주세요. 그리고 우리 예쁜 두 딸에게 강아지같은 작은 것마저도 사랑하는 마음 주셔서 참 감사합니다. 그 마음이 더 커져서 이 세상을 밝게 만드는 빛처럼 살아가게 해주세요. 이제 잠을 자려고 합니다……."

기도하는 중에 두 딸아이는 이미 깊은 잠에 빠지고 있었다. 두 딸아이를 둘러싼 여섯 마리의 강아지와 다솜이 품속에 있는 붕대 감은 쥬리도….

은혜 받은 다솜이

평화교회 한가족 수련회를 동해장로교회에서 갖게 되었다. 동해장로교회는 망상해수욕장이 5분 거리에 있는, 수련회와 휴가를 함께 즐길 수 있는 최적의 장소다.

2년 전 기독교사 대상 강사로 가서 알게 된 교회인데, 교회의 목사님과 지속적으로 연락을 취하고 있던 중이었다. 더욱이 그 후 동해아버지학교 간증, 그리고 영훈고 기독학생과 중고등부 수련회, 이번 전체 교인 수련회까지 이 교회를 방문한 것도 이번이 네 번째가 된다.

임인채 담임목사님, 이형식 부목사님, 그리고 여러 성도님들의 협조와 배려로 마음 편한 수련회를 할 수 있었다.

말 그대로 한가족 수련회였다. 어린 아이들부터 중고등부, 청년, 성인들이 어우러지는 그런 가족의 수련회 말이다. 하나님께서는 예비하신 대로 대박 은혜를 부어주고 계셨다.

둘째 날 저녁 집회 때였다.

저녁 7시부터 찬양으로 집회를 시작할 무렵, 나는 큰딸 다솜이가 내 뒤 편에 꼿꼿이 앉아 있는 것을 보았다. 어른들을 중심으로 한 집회라 아이들은 다른 방에서 자기들끼리 같이 놀다가 자도록 해두었는데, 아이들 몇이 돌아다니는 중에, 다솜이 혼자 그렇게 앉아 있는 폼이 예사롭지 않았다. 나는 다솜이에게 다가갔다.

"다솜아, 예배 드리려고 하니?"

"응, 아빠."

"그래, 그럼, 찬양하고 말씀 듣고 하다보면 시간이 많이 걸릴거거든. 그러니까 아빠 옆에서 있다가 졸리면 아빠 다리 베고 누워 자도 돼! 알았지?"

다솜이는 맨 앞의 내 자리로 옮겼다. 나는 찬양 가사를 띄워야 하기 때문에 빔과 노트북을 앞에 두고 있었다. 다솜이는 내 옆에 앉아 찬양을 따라 하기 시작했다.

나는 찬양을 통해 부어주시는 은혜에 감격하고 있었다. 아니, 이미 하나님께서 주시는 대박 은혜에 감사하고 있었다.

다솜이는 무척이나 열심히 손뼉을 치며 찬양을 하고 있었다. 허리조차 구부러지지 않는 다솜이가 '얼마나 이렇게 앉아 있을까, 좀 있다가 자겠지' 생각하며 나는 계속 예배에 집중했다. 그런데 아니었다. 다솜이는 무려 한 시간 이상이나 힘차게 목소리를 높여 찬양하고 있었다. 더욱이 '우리 함께 기도해' 찬양을 할 때는 그 목청이 매우 높고 힘찼다. 여느 때와는 좀 다르다라는 생각을 하지 않을 수가 없었다.

"다솜아, 졸립지 않니?"

몇 번을 물었는데, 대답은 같았다.

"아니, 아빠. 안 졸려. 괜찮아."

이어서 목사님을 통한 메시지가 전달되었다. 그 내용은 다윗과 골리앗의 부분이었다.

초등학교 4학년이니까 다솜이도 유초등부에서 다윗과 골리앗에 대한 내용을 어느 정도 알고 있었다. 목사님께서 읽으라는 부분을 모두 입 맞추어 읽을 때 다솜이도 또박또박 읽고 있었다. 어느덧 시간은 밤 9시를 넘고 있었고, 아이들은 하나 둘 쓰러져 잠에 빠져 들었다. 둘째 딸 다빈이도 내 오른쪽에 누워서 자고 있었다.

메시지가 중반 정도 되었을 무렵, 훌쩍이는 소리가 들려 옆을 보았더니 다솜이가 연신 눈물을 쏟고 있었다. 무슨 일일까 생각하면서도 바로 물어보지 않고 잠시 그냥 두었다. 그런데 이 울음이 멈추지 않았다. 나는 다솜이를 끌어안으며 조용히 물었다.

"다솜아, 왜? 힘든 일 있니? 자러 갈까?"

다솜이는 대답 대신 고개를 좌우로 흔들었다. 그러면서도 눈물은 계속 흐르고 그 소리는 점점 커져만 갔다. 이윽고 여러 성도들이 다솜이를 주시하고 있었다. 다솜이는 이윽고 방안을 울릴 정도로 엉엉 울고 있었다.

목사님의 메시지가 끝나고 기도회 시간이 되었을 때 나는 다솜이를 먼저 끌어안고 기도했다.

"하나님, 오늘 우리 다솜이가 하나님께 온전히 예배 드리게 하심을 감사합니다. 이제 기도할 때 주님 응답해주세요. 우리 다솜이를 무척이나 사랑하시는 예수님의 이름으로 기도합니다. 아멘."

아내가 다솜이 곁으로 다가왔다. 그리고 다솜이를 안았다. 집회 장소에서 잠을 자던 일곱살짜리 둘째 딸 다빈이와 또래의 아이들도 일어나, 울고 있는 다솜이를 보더니 훌쩍거리며 따라 우는 것이 아닌가.

아내가 다솜이에게 조용히 물었다.

"다솜아, 말해 볼래? 왜? 마음이 어떤데? 다 말해도 괜찮아."

다솜이는 쏟아지는 눈물을 주체하지 못한 상태에서 엉엉 울며 간헐적으로 이렇게 말했다.

"엄마, 예수님이 나를 위해서 죽으시고~ 흑흑~ 나를 구원해주신 것이~ 너무 고마워서~ 엉엉."

이 말을 듣는 순간 나의 눈에 다시 왈칵 눈물이 솟구치고 있었다. 이것은 은혜였다.

하나님께서는 다솜이와 같은 어린 아이들의 심령에까지 역사하고 계셨다. 다솜이의 이 고백으로 어른들은 더욱 은혜를 사모하며 기도에 매달렸다. 그리고 하나님께서는 각 개인에게 또 우리 교회의 온 가족에게 예비하신 은혜를 부어주셨다.

다솜이는 이 날 3시간 30분의 집회에 참석하였다. 조금도 흐트러짐 없이. 성령님께서 은혜 부어주셔서 다솜이를 만나주심에 감사드립니다.

청소년 시절의 다솜이

온순하고 조용할 것만 같던 다솜이가 청소년이 되며 점점 아내를 닮아가기 시작했다. 말을 하는 모양새나 목소리도 비슷해져간다. 다솜이는 서연중학교를 다니며 매우 활발한 모습으로 생활하고, 또 친구들도 많았다.

사춘기를 겪던 중, 교복 치마를 미니스커트처럼 줄여 입고, 윗도리도 한복처럼 딱 맞게 줄여입었을 때 아내가 다솜이에게 농담처럼 말했다.

"고름 달아줄까?"

어느 날, 다솜이가 울상이 되어 들어왔다.

아내는 '왜? 뭔데?' 하고 외치려 했던 것을 가까스로 참으며 다솜이를 조용히 끌어안았다. 다솜이는 아내의 품에 안겨 한참을 울었다. 어떤 내용인지는 모르지만 다솜이가 매우 속상해 있다는 것을 알았고, 아내는 어머니학교에서 배운대로 행했던 것이다. 다솜이에게는 어떤 원인이나 이유를 찾아 해결하는 것보다도 먼저 위로가 필요한 시점이었다.

다솜이는 이내 마음을 진정하고 조용히 자기 방으로 들어갔다. 그리고 다음날 다시 예전처럼 깔깔대고 활발한 다솜이로 돌아왔다.

아내와 나는 지금도 다솜이가 중학생이었던 그 때, 왜 다솜이가 그렇게 힘들어했는지 그 이유를 알지 못한다. 묻지도 않았고, 다솜이도 말을 하지 않았다. 그러나 핵심은 다솜이가 힘들어 하고 있었다는 것이고, 또 격려가 필요했었다는 것이다.

십대의 성장통을 경험하는 다솜이, 그 흔들림 속에서도 하나님에 대한 믿음으로 예배드리고, 믿음으로 살고자 하는 다솜이. 그래서인지 흔들릴지언정 쓰러져 못 일어나는 것이 아니라, 다시 일어나는 오뚝이 신앙인으로 살아가고 있어 참 대견하다.

다솜이는 중앙여고로 진학했다. 그곳에서도 믿음을 지키며 학교 생활을 기쁘고 즐겁게 잘하고 있었다. 아빠 엄마처럼 중고등학교 교사가 될까, 초등학교 교사가 될까 하다가 아동 복지쪽으로 방향을 잡았다.

다솜이는 아주 어려서부터 아이들에 대해 관심이 많았고, 또 복지에 관심이 많은 아이였다. 그래서 청소년이 될 때부터 장애인 봉사활동의 기회가 있으면, 다솜이에게 소개하고 또 나도 같이 하곤 했다. 더욱이 다솜이 스스로도 대학과 진로를 고민하며, 이화여대에서 청소년 대상으로 실시하는 봉사 체험 등에 지원하여 자발적으로 활동하기도 하였다.

다솜이가 대학에 갈 당시에는 봉사활동이 권장되는 시기여서, 매우 많은 봉사활동이 있었다. 다솜이는 그렇게 활동한 것을 하나하나 포트폴리오로 만들어 놓았고, 봉사 시간도 300시간이 넘었다. 나중에 다솜이의 생기부를 출력해보니 30페이지가 넘는 분량이었다. 그만큼 많은 활동을 한 것이다.

다솜이는 결국 경희대 아동가족학과를 입학사정관제로 입학하게 되었다.

여섯 번 도전했어요

어느덧 28살 청년이 된 큰딸 다솜이.

'다솜'이라는 뜻은 '사랑'이라는 말이다. '사랑을 펼치며 살아가는 사람이 되라'는 의미로, 다솜이가 태어나기 하루 전에 내가 지은 이름이다.

그리고 다솜이는 사랑이 가득한 아이로 성장했다. 아니, 하나님께서 그 크신 사랑을 다솜이에게 부어주고 계셨다. 다솜이는 청소년기를 보내며 여러 기관에서 주관하는 봉사활동에 적극적으로 참여했고, 그때마다 큰 감동과 보람을 맛보고 있었다. 그리고 자기가 앞으로 걸어가야 할 길에 대하여, 자부심과 자신감을 가지고 있었다.

다솜이는 눈물이 많은 아이, 공감 능력이 큰 아이로 성장하고 있었고, 남에게 베풀어주는 사람이 되어야겠다는 생각을 하며 잘 자라나고 있었다.

다솜이는 경희대학교의 아동가족학과에 입학사정관제로 진학했다.

당시만 해도 고등학교 때 봉사활동 시간이 대입에 매우 중요했던 때인지라, 많은 학생들이 봉사활동을 하고 시간을 늘리고자 하는 마음이 있었다. 다솜이는 대학에 필요해서 뿐만

이 아니라, 전공을 봉사 또는 아동 복지 쪽으로 가고자 하는 마음에, 실질적인 봉사를 하고자 했다. 그래서 고등학교 때도 열심히 봉사활동을 했고, 그것을 포트폴리오로 만들었고, 소감문도 때마다 기록했다.

다솜이는 이름에 맞게 잘 성장하고 있었고, 열심히 공부하고 준비하였기에 아동 복지에 대한 꿈이 손쉽게 이루어지리라 생각하며 최선을 다하고 있었다. 필요한 사회복지사 등의 자격증도 취득하였다. 하지만 다솜이는 원하는 복지 재단에 쉽게 들어가지 못했다.

대학을 졸업하자마자 정규 직원 전형으로 도전한 복지 재단 응시에 서류부터 탈락이었다. 다솜이는 적지 않은 충격을 받은 듯했다. 사실 실패라는 것을 경험해 보기 전에는, 그 실패의 맛을 잘 모르기 때문에, 다솜이에게는 그 때 불합격의 여파가 더욱 큰 듯했다.

그 무렵 다솜이의 외숙모가 어린이집을 개원했다. 어린이집의 내부 사정으로 학기는 시작되었는데, 담임교사가 급히 필요한 상황이라 다솜이에게 도움을 요청했다. 다솜이는 복지 재단 준비를 하며 어린이집을 돕고자 하는 마음에 숙모의 청에 응했다. 그리고 1년여 동안, 아르바이트가 아닌 정규 어린이집 직원, 아니 거의 작은원장처럼 어린이집에 헌신했다. 그런 와중에서도 복지 재단에 도전을 했고, 그때마다 다솜이는 불합격의 맛을 보아야 했다.

다솜이는 사랑이 많은 아이다. 그래서인지 눈물도 많다. 기도로 성장한 아이라서 그런지, 나름대로 고민도 많고 걱정도 많았겠지만 그때마다 하나님의 생각을 물으며 잘 성장했다.

초등학교 때 몸이 불편한 같은 학급의 친구를 업고 화장실로 데리고 다녔다는 이야기를 담임 선생님을 통해 들은 적이 있었다. 그 전화를 받기 전까지 우리 부부는 다솜이로부터 그와 관련된 얘기를 들은 적이 없었다. 다솜이는 그렇게 친구를 도운 것이 특별한 것이 아닌, 평범한 일이라는 것으로 인식하고 있었던 것을 나중에 확인하게 되었다.

아가들을 무척 좋아하는 다솜이, 아픔에 같이 공감하고 눈물지을 줄 아는 다솜이. 나는 다솜이가 우리 부부의 뒤를 이어 교직을 이수해서 교사가 되면 어떨까 생각했지만, 다솜이는 어린 영혼들을 만나는 길로 하나님께서 인도하고 계셨다.

사람의 생각과 하나님의 생각이 다를 때가 많다. 더욱이 하나님의 인도하심 또한 사람이 계획한 대로 되지 않는 경우가 많다.

다솜이는 마음에 결심을 하고 어린이집을 나온 후, 열심히 준비하여 같은 복지 재단에 또 도전했다. 또 불합격, 또 도전, 계속해서 도전했다. 다른 복지 재단도 있었지만 다솜이는 고등학교 때부터 마음 먹었던 그 재단에 계속해서 도전했다. 그리고 드디어 서류 통과 그러나 2차 전형에 불합격, 이어서 또 불합격이었다.

이 과정을 거치며 다솜이는 하나님께 기도는 하고 있었지만 자존감이 다 떨어지고 있었고 계속 울며 힘든 나날을 보내고 있었다. 기도하는 아빠 엄마인 우리 부부에게도 "도대체 하나님, 왜 그러시는지 모르겠어!"라고 외치기도 했다.

하지만 신실하신 하나님 아버지께서는 기도하며 하나님의 영광을 위해 살아가는 자녀를 외면하지 않으신다. 하나님께서는 당신이 이루셨다는 간증을 주시며 끝까지 책임지시고 인도하신다.

나는 다솜이에게도 하나님께서 인도하시는 길이 있음을 믿었다. 하나님의 때가 있음을 믿었다. 다만 그 이루어지는 응답의 시기와 방법은 우리가 생각하는 대로 될 수도 있고 그렇지 않을 수 있다는 것을 다솜이에게 주지시키며 다솜이를 붙잡고 기도했다.

다솜이는 계속되는 전형에 응시를 하며 스스로 깨우침을 얻고 있었다. 4번째 정규직 전형에 응시한 후 불합격 통보를 받은 후, 다솜이가 우리 부부에게 이렇게 말했다.

"내가 아동가족학을 전공했고, 또 복지사 자격증 등 여러 자격증도 있고 하지만, 경험이 어린이집에서 경험이 다잖아. 나이도 어리고, 그래서 내가 경력자들한테 밀리는 것 같아. 내가 이번에 정규에서 안되면 임시직으로 뽑기도 하는데 그렇게 할까?"

그 이야기를 가만히 들으며 우리 부부는 고개를 끄덕였다.

나는 이렇게 말했다.

"그렇겠다. 아직까지 복지 재단에 근무해 본 경험은 없으니까, 아무래도 경력이 있는 게 좋을 것 같아."

그리고 다솜이는 그 다음 번 전형에 또 정규직으로 도전했다. 하지만 최종 면접에서 또 불합격되었다.

고등학교 때 학교에서 가장 공부를 열심히 하던 아이, 야간 자율학습을 마치면 자습실 문을 마지막에 단속하고 나왔던 아이. 정수리에 하얀 버짐이 생길 정도로 열심히 학업에 집중했던 아이. 원하던 대학에 입학사정관제로 들어갔고, 대학 생활도 잘했던 아이였지만, 사회 생활의 경험은 다솜이에게 자존심을 건드리는 일이었을 것이다.

더욱이 누군가와 비교하기 시작하면 열등감이 생기지 않던가. 그런 부정적인 마음이 들려고 할 때마다 하나님께서는 다솜이의 마음을 붙잡고 계셨고, 말씀으로 기도로 인도하고 계셨다.

다솜이는 자신이 말한대로 같은 재단에 임시 계약직으로 응시했다. 그리고 드디어 계약직원으로 재단에 합격이 되었다.

다솜이는 복지 재단에서 최선을 다해 일하고 있었다. 그리고 즐거워했다. 집에 돌아오면 아이들의 사례를 가족들과 나누고, 그런 일을 할 수 있다는 것에 매우 감사해했다.

하나님께서 허락하신 직업, 그 직업을 통해 하나님께서 일하게 하시는 것이 분명히 있다. 그래서 직업은 단순히 일이 아니라, 사명이 된다. 다솜이에게 있어 어린 영혼을 살피며 하나님의 사랑을 전하는 삶이 하나님께서 큰딸에게 사명이리라 생각하며 격려하고 기도했다.

그렇게 계약직으로 일 년 남짓 지나고 있을 때였다.

"아빠, 이번에 또 정규직 전형이 났는데 도전해야 할까?"

나는 다솜이가 말하는 뜻을 알고 있었다. 계속되는 실패로 인해 또 그것이 반복될까 봐 두려움이 있었고, 창피함도 있었을 것이다.

"아빠, 계약직은 일 년 더 연장해서 할 수 있대. 차라리 더 준비해서 내년에 계약직 끝날 때 할까?"

나는 웃으며 말했다.

"응, 그것도 좋은 것 같아. 그런데 중요한 건 하나님께서 주시는 마음이니까, 기도하고 선택하렴. 전형에 응시하는 시기도 기도하면 하나님께서 가장 좋을 때로 인도해주실거야."

그리고 나는 다솜이와 함께 하나님의 인도하심을 구하며 기도했다 ,

다솜이는 정규직 전형에 응시했다. 이것은 다솜이가 그 복지 재단에 다섯 번째 도전한 것이다. 그리고 기대감을 가지고 있었지만 또 불합격 통보를 받았다.

다솜이의 한 직장에 대한 도전은 참으로 눈물겹다.

2018년 서류 탈락, 2019년 필기 탈락, 2020년 최종면접 탈락, 2020년 계약직 합격, 2021년 하반기 필기 탈락.

"아빠, 이제 눈물도 안 나와. 여기는 나를 뽑을 생각이 전혀 없나 봐." 아내도 큰 소리로 한 마디 거들었다.

"야! 그 재단 미친 거 아냐? 너를 안 뽑다니~. 다솜아. 다른 재단에 시험 봐. 거기밖에 없니?"

하지만 다솜이는 고개를 흔들었다.

"나는 여기에 꼭 가고 싶은데~."

나는 하나님께서 어떻게 다솜이를 인도하실지 궁금했다. 그리고 마음속으로 기도했다.

"하나님, 이 과정을 통해 하나님께서 일하시는 것을 다솜이가 경험하게 해 주소서."

다솜이는 무거운 마음을 누르며 매일 출근하고 있었다.

3월이 지나고 있을 무렵, 다솜이가 우리 부부에게 말했다

"아빠, 엄마! 우리 재단에 이번에 경력직 전형으로 정직원을 뽑는다는데, 같은 계열에 경력 4년 이상 우대해준대. 근데 나는 복지 재단 근무가 일 년 조금 넘잖아. 어린이집 경력 포함하면 3년 되지만 말야. 그래서 일단 조건에서 밀릴 것 같아. 넣어야 할까, 말아야 할까 고민하다가 그냥 넣었어."

자세히 다솜이의 이야기를 들어보았다.

다솜이는 전형 공지가 난 것을 보고, 재단 인사관리 담당에게 전화를 했다. 그리고 자기의 상황을 말하고 전형에 응시해도 되냐고 물었다. 그리고 이런 회신을 받았다.

"네, 응시할 수는 있는데, 경력자들이 많을 경우에 우선 순위에서 밀릴 수도 있어요. 그래도 괜찮으시면 응시는 가능합니다."

다솜이는 기도하는 가운데 특별 전형에 응시했다. 그리고 큰 기대를 하지는 않는 듯했다. 일단 조건이나 상황은 다솜이에게 불리했기 때문이다. 그런데 생각지도 않던 일차 합격 통보가 왔다. 이번에는 아내와 딸이 동시에 외쳤다.

"미친 거 아냐?"

마치 최종 합격된 것처럼 기쁜 마음이 있었다. 그도 그럴 것이 대학 때까지 승승장구하던 아이가, 계속 불합격이었다,가 이번에 '합격'이라는 글자를 마주했으니 기분이 좋은 것은 사실이었다. 그리고 다솜이는 최종 면접까지 올라가고 있었다. 우리 가족은 열심히 기도하며 다솜이를 격려했다. 다솜이는 마치 고시 공부를 하는 것처럼 열심히 준비했다.

최종 면접을 하는 날 아침에 나는 다솜이를 위해 기도했다. 특히 이번 전형을 통해 하나님께서 하시는 일을 다솜이에게 보여주시길 기도했다.

그리고 하루의 시간이 참 길다고 느껴질 무렵, 면접이 이미 끝났을 시간인데 다솜이에게서 아무 연락이 없었다. 평소 같았으면 매우 소란스러웠을 가족 단톡방도 조용했다.

'면접을 망쳤나?'

생각하며 퇴근을 했다.

다솜이는 자기 방에 있었다. 그리고 나를 보자마자 이렇게 울음 섞인 소리로 말했다.

"아빠~~! 나, 면접 때 울었어."

그러면서 막 울기 시작했다. 이 상황을 접한 나는 순간적으로 당황하고 있었다. 다솜이는 울면서 계속 이렇게 말했다.

"나, 바본가 봐. 면접 때 울다니~~. 어떡해, 흑흑흑."

다솜이는 속상해하고 있었지만, 이상할 정도로 내 마음은 평안했다. 그리고 궁금했다. 다솜이가 왜 면접 때 눈물을 흘리게 되었는지 말이다.

나는 미소를 띠며 다솜이에게 말했다.

"다솜아, 면접 때 안 울려고 했는데, 눈물이 나왔다는 말이지? 왜 그렇게 된 거니?"

다솜이는 울음 섞인 목소리로 이렇게 말을 이어갔다.

"면접관 질문 중에, 규칙이나 원칙을 지키려 했는데 손해 보았던 경험을 이야기하라고 했거든. 그런데 예상치 못한 질문이었어. 그래서 순간적으로 당황해서 잘 생각이 안 났는데, 규칙을 따르다 보니까 아이를 도울 수가 없었던 사례가 생각나서 그 얘기를 했어. 질문 의도랑 맞는 건지도 잘 모르겠고, 대답은 다 했는데 더 걱정되기도 했고~~."

나는 고개를 끄덕이며 말했다.

"그러다가 그 돕지 못한 아이가 생각이 나서 운거니?"

"응, 아빠. 자꾸 눈물이 나는데, 참으려고 했는데, 참아지지가 않는거야. 그 아이한테 너무 미안하고, 상황은 너무 안 좋은 아인데 현재 제도로는 도울 수가 없더라구. 그래서~~. 눈물을 참을 수가 없었어."

"그랬구나~."

다솜이는 어느덧 마음이 진정되었는지, 이야기를 차분하게 이어가고 있었다.

"그런데 면접관도 좀 황당한건지, 당황한건지 한참 있다가 나한테 왜 우는지, 그 눈물의 의미가 무엇인지 설명하라는거야. 그래서 설명했지, 그러다가 또 울었어."

나는 다솜이의 이 이야기를 들으며 만약 내가 면접관이라면 다솜이같은 지원자를 대할 때 어떤 생각이 들었을까를 떠올렸다.

다솜이는 사례에서 얘기했던 그 아동에 공감하고 있었다. 그래서 그 아픔이 느껴졌고 돕고 싶었는데 돕지 못한 것 때문에 미안한 마음도 있었다. 나는 다솜이의 이야기를 듣고 이렇게 말했다.

"다솜아, 너는 진심이었구나. 그 아이를 도우려고 했었고, 결과가 그렇게 되지 못한 것에 대해 미안한 마음이 있었고~."

다솜이는 고개를 끄덕였다.

"다솜아, 진심이면 된거야. 예상치 않게 눈물을 흘린 것도 네 의지라기보다는 하나님께서 주신 눈물이네~~, 설령 면접 결과가 불합격이어도 진심이면 된거야. 하지만 하나님께서는 또 우리가 예상치 못한 방법으로 인도하시거든. 기도하며 기다려보자. 내가 면접관 같았으면 너 뽑았을거야. 게다가 넌 여섯 번째 도전이잖아. 끈기 하나는 검증된 것 아니니? 잘했어. 하하하."

면접 날로부터 사흘 후에 최종 합격 발표 통보가 온다고 했다. 그런데 하루가 지난 다음 날이었다. 둘째 딸 다빈이에게서 가족 단톡방을 통해 연락이 왔다.

"언니 울어!"

나는 깜짝 놀라며 톡에 올려진 글을 읽었다.

"우리 언니 최종 합격됐다."

다솜이는 운전중이었고, 다빈이는 조수석에 앉아 있었다. 그때 재단에서 연락이 왔고, 결과는 정직원 전형에 최종 합격되었다는 것이다. 다솜이는 운전을 하며 폭포수같은 눈물을 흘리고, 소리를 질렀다고 했다.

"붙여줄 거면 진작 붙여주지, 왜 꼭 이렇게까지 하고, 붙여주냐고???"

그 어려움 속에서 합격되었다는 기쁨을 이렇게 표현한 것이다. 옆에 있던 다빈이도 덩달아 눈물을 흘리고, 이것을 보고 있는 나도 눈물이 주루룩 흘러내렸다.

무엇보다 하나님께서 인도하신 것임을 인정하지 않을 수가 없었다. 4년 이상 경력자 우선이라고 했는데 어찌 된건지 의아했고, 기대도 하지 않았는데 이렇게 된 것을 보면 하나님께서 개입하셨다는 것을 시인하지 않을 수가 없었던 것이다.

하나님께서는 기도하며 끝까지 나아갔던 다솜이와 우리 가족에게 또 하나의 간증을 허락하시며, 다솜이를 청소년 시절부터 꿈꾸었던 초록우산 어린이 복지 재단으로 인도하고 계셨다.

합격 발표가 된 날도 다솜이는 퇴근하자마자 복싱 운동을 하러 갔다. 둘째 딸 다빈이가 비밀리에 가족들이 모두 언니의 합격 축하를 해야 한다고 하며, 여러 물품들을 준비했고 맛있는 음식도 준비했다. 나와 아내도 준비에 들어갔다.

그리고 드디어 밤 10시경 현관으로 들어서는 다솜이를 환영하며, 춤을 추는 아내와 나, 그리고 다빈이.

머리에 불빛 띠를 띠고 이렇게 한참 동안 온 가족이 춤을 추었다. 밤 10시 넘는 시간, 이게 무슨 짓인가 서로의 얼굴을 보다가 또 춤을 추었다.

고난의 터널을 통과한 후에 하나님께서 주시는 기쁨이었다. 축복이었고 사랑이었다. 다솜이는 기뻐 어쩔 줄 몰랐다. 다솜이는 우리의 모습을 보며 울며 웃으며 함께 즐거워했다. 그리고 이내 아내의 품에 안겼다.

춤을 추는 이 장면을 영상으로 남겨 놓았는데, 보면 볼수록 그날의 기쁨이 새록새록 일어나며 웃음이 터져나온다.

다솜이는 춘천에 있는 사업 기관으로 발령을 받았다. 약 1,2

년 가량 현장에서 피해 아동들을 접하고, 가정을 지원하는 등의 일을 한다고 했다. 합격의 기쁨을 뒤로 하고 바로 춘천에 방을 얻었고, 온가족이 함께 가서 찬양하고 기도했다.

다솜이를 보며 또 한 번 하나님의 계획과 섭리, 인도하심을 우리가 헤아릴 수 없다는 것을 깨달았다. 한 치 앞도 모르는 우리의 인생이지만 하나님께서 우리의 아버지가 되어주시고, 또 알아서 인도해주시니 얼마나 든든한가. 그저 우리가 할 것은 현재의 상황에서 최선을 다하며 하나님께 기도하며 순종하는 것 밖에 없을 것이다.

다솜이의 삶이 하나님께 영광을 올려드리는 삶이길 기도한다. 다솜이의 일이 단순한 세상일이 아니라, 생명을 살리는 사명이기를 기도한다.

두 딸과의 일대일 데이트

다솜이, 다빈이가 이제 30살, 27살이 되었다.

잘 성장한 딸 아이들. 다솜이는 '초록우산재단'에서, 다빈이는 연희동 '차다필라테스' 원장님이 되었다.

무엇보다 섬기는 교회의 청년부에서, 그리고 교회 학교 교사 등으로 잘 섬기고 있었고, 해마다 선교도 빠지지 않고 다녀왔다.

금년 들어 두 딸이 고민을 했다.

"교회에서 여름에 아프리카 선교가 있어서, 가고는 싶은데 어찌해야 할까 고민 중이고 기도하고 있어."

그리고 다솜이는 회사를, 다빈이는 필라테스의 날짜와 일정을 조율해서 아프리카 케냐와 탄자니아에 선교를 가기로 결정했다.

다솜이는 9일부터 20일까지로 예정된 선교 출발 전, 재단과 교회의 맡은 일에 최선을 다하고 있었다. 그래서 항상 늦게 귀가하곤 했다. 다빈이도 미리 해야할 일과, 다녀와서 할 일을 구분하고, 회원들께도 잘 안내하고 있었다.

선교 기도 편지를 썼고 가까운 분들에게 기도 부탁을 드렸다. 그때 나는 두 딸에게 이렇게 말했다.

“다솜아, 다빈아. 계좌번호 없이 기도 제목만 적어서 보내렴. 기도가 우선이야. 그리고 진짜 기도하는 분들은 하나님께서 마음 주셔서 움직이게 하신단다~~.”

내 말을 참고해서 두 딸은 계좌번호 없는 것을 만들었다. 그리고 출발 일주일 전, 계좌번호 있는 것도 만들어, 필요로 하는 분들에게 적절히 사용하고 있었다.

두 딸의 모습을 보며 불현듯 이런 생각이 들었다.

‘내가 두 딸과 일대일 데이트를 해 본 것이 언제지? 다솜이는 결혼 얘기도 꺼내는데, 이러다 결혼하기 전에 데이트 한 번 하기도 어려운 것 아닌가?’

가족들과는 여름, 겨울 여행도 가고, 필라테스도 함께하고, 쇼핑도 이따금 다니고 있기에 소원한 상태는 아니지만, 문득 20여 년 전 아버지학교 숙제로 아이들과 일대일 데이트를 한 것이 생각난 것이다.

‘더욱이 선교 가면 2주는 못 보는데, 그 전에 일대일 데이트 신청을 해야겠다.’

마음에 결심을 하고, 다솜이는 퇴근 후 북촌에서, 다빈이는 쇼핑몰에서 다른 날을 정해 만났다.

특별한 것은 없었다. 꼭 나누고자 하는 목적성 있는 이야기의 주제도 없었다. 그냥 아빠와 딸로서 밥 먹고, 차 마셨다. 여기저기 다니면서 사진도 찍었다. 쇼핑하면서 필요한 것 사고, 이런저런 얘기를 나누고, 인생 네 컷 사진도 찍었다. 그냥 웃었고, 깔깔댔다. 그냥 그렇게 있는게 참 좋았다. 아마 아빠와 딸, 혈육이어서 그런 건지도 모르겠다.

자녀를 하나님께서 키워가시는 모습을 보는 즐거움이 크다.

더욱이 원뿌리의 상처를 가진 나와 아내를 하나님께서 만나주시고, 두 딸에게 원뿌리가 되도록 아버지학교와 어머니학교를 통해 새롭게 하시며 사용해가시는 삶을 반추해 보게 된다.

사랑하는 두 딸이 믿음의 자녀로, 믿음의 청년으로, 하나님을 사랑하는 하나님의 사람으로 커가는 모습을 보니, 참으로 감사할 따름이다.

하나님의 영광을 위해, 하나님의 이름과 나라를 위해 2주간의 아프리카 선교 잘 마치고 돌아오길 기도하며 이 글을 쓴다.

다솜이와 다빈이, 그리고 우리 가족을 통해 영광 받으시는 하나님을 찬양합니다.

내 생일날 다솜이의 기도

금년에도 건강한 가운데 나의 생일을 맞이하게 하신 하나님께 감사를 드린다. 하나님의 시간표에 의해 이 땅에 보내주시고, 만나주시고, 인도하시고, 사용하시는 하나님께 모든 영광 올려드린다.

나의 가족, 아내와 두 딸 여자 셋과 살며 그동안 수십 번의 내 생일을 맞이했고, 또 항상 생일을 즐겁게 보내곤 했다. 그동안을 생각해보면 주로 밖에서 식사를 했고, 집에 돌아와서 케잌에 불을 밝혀 생일 축하송을 부르고, 가족 중 한 사람이 축복 기도를 하는 그런 과정을 밟았다.

그런데 해가 거듭될수록 발견한 것은, 생일 케잌이 한 주가 지나고 두 주가 지나도록 냉장고에서 거의 그대로 있을 때가 많다는 것을 알았다. 가족이 모두 4명인데, 다 먹지를 못하는 것이다. 아니 케잌만이 아니라, 다른 음식도 잘 먹지 않는다는 것이다. 입이 짧다고 해야 하나, 많은 양을 먹지 못하는 우리 가족의 공통점이 있었다. 그래서 나중에 버리는 음식이 생기기도 했다.

여자가 셋이라 그런 걸까? 결국 생일 케잌 대신 시간이 지

나도 가족이 다 먹을 수 있는 것, 먹어서 없앨 수 있는 것, 특히 생일을 맞이한 사람이 원하는 음식으로 축하를 하자는 것으로 마음이 모아졌다. 촛불만 켜면 되니까.

지극히 실용적인 발상이었다.

그래서 금년에 촛불을 켠 음식물은 '아이스크림'이다. 작은 아이스크림 4개를 BR에서 한 세트를 사서 그 앞에 촛불을 밝히고, 생일 축하 노래를 부르며 축하를 했다. 즐거웠다. 작년 내 생일에는 케잌 대신 내가 좋아하는 순대를 사서 한 가득 깔아놓고, 촛불을 밝히며 축하송을 불러 준 가족들.

무엇을 해도 좋은 우리 가족들, 무엇을 어떻게 해도 즐거운 가족, 가정을 주신 하나님께 감사했다. 아내는 손목 시계를 선물해주었고, 둘째 딸 다빈이는 예쁜 엽서에 손편지를 써서 건네주었다.

그 내용은 이렇다.

"사랑하는 울아빠! 강철같은 울아빠, 생신 축하드립니다. 해가 거듭될수록 젊게 사는 아빠를 보며 나도 저렇게 늙어야지 생각하곤 해. 그래도 건강 조심히. 사역하며 지금처럼 살아가자구요. 우리 아빠가 내 아빠여서 감사하고, 늘 자랑스러워. 아빠의 딸로 태어나게 해줘서 고마워. 아빠를 위해 나도 항상 기도하고 있어. 울아빠 사랑해."

아빠인 나를 위한 다솜이의 기도문은 이랬다.

"하나님, 이 시간 우리 아빠 '최관하'를 두고 기도합니다. 하나님이 택하시고, 사랑하시는 아들 '최관하 이 세상에서 귀하게 사용해주셔서 감사합니다. 주님, 바라옵기는 아빠에게 감당할 수 있는 사역과 그 안에서 놀라우신 하나님 은혜를 늘 경험케 동행하여 주세요. 또 모든 사역 안에서 몸과 마음의 체력이 건강이 지치지 않도록 주님께서 지켜주세요. 믿음의 가정에서 함께 살아가게 하신 인도하시는 주님 사랑하고 감사합니다. 예수님 이름으로 기도드립니다. 아멘."

이어서 큰딸 다솜이가 나를 위해 소리내어 축복 기도를 했다.

"하나님 아버지, 아빠 최관하의 생일을 맞이하여 하나님께 감사드립니다. 더욱 사역 잘하게 해주시고, 건강 주시고~~,"

다솜이의 기도는 계속되었다.

"~ 아빠가 항상 원하는 기도 제목인, 이 땅에서 하나님이 주신 사명 다 끝나는 날 한 방에 하나님 곁으로 불러달라는 아빠의 그 기도 제목 꼭 들어주세요~. 예수님 이름으로 기도합니다. 아멘."

나도 따라서 '아멘'하는 순간, 갑자기 눈에서 눈물이 핑 돌았다.

큰딸 다솜이가 '나의 기도 제목을 분명히 기억하고 있구나.' 생각하면서도, 내 생일날 '한 방에 가게 해달라'는 기도를 하는 내용을 들으며, 순간 묘한 감정도 일었다.

'그래도 내 생일인데~'.

그러나 결국은 이 모든 것이 감사였다.

생일 저녁, 나는 또 한 번 하나님께 기도하였다.

"하나님, 하나님께서 저에게 허락하신 그 사명이 끝나는 날, 저를 그 자리에서 한 방에 하나님 곁으로 불러주소서. 그래서 사나 죽으나 간증이 되어, 저를 기억하는 사람들이 주님을 발견하고, 만나는 은혜를 허락하여 주소서."

참으로 감사한 금년 생일날이었다.

운동에 빠진 예비 신부

다솜이는 어려서부터 수영을 했다.

물을 무서워하는 나를 빼고는 아내와 다빈이도 함께 수영을 하러 다녔다. 그리고 다빈이가 필라테스 강사를 하기 시작할 때부터, 우리 가족은 한 가지 운동은 필요하다 판단되어 지금까지 필라테스를 해오고 있다.

그러나 그뿐만이 아니었다.

언젠가부터 다솜이는 달리기 시작했다. 퇴근한 후 혼자 달리는 것뿐만 아니라, 런닝의 열풍에 동참하여 연희동의 런닝 클루 모임에서 봉을 들고 안내자의 역할을 하며 달리고 있었다. 다솜이가 초록 우산 직장을 서울 본사에서 지방 춘천으로 나갔을 때, 춘천 마라톤에 참여한 것은 당연하다. 급기야 하프 마라톤 몇 차례, 풀코스 완주까지 하는 놀라운 모습을 보여주었다.

그것을 본 우리 부부는 이렇게 말했다.

"넌 왜 그렇게 달리니? 욕구 불만을 그렇게 해소하는거니?"

어느 날 다솜이가 말했다.

"아빠~, 나 복싱 시작했다."

달리는 것도 모자라 복싱을 한다니. 살을 뺄 곳도 별로 없는 몸인데~. 게다가 복싱은 과격한 운동 아닌가? 하다가 심하게 다치면 어떡하나 등 여러 생각이 난무했다.

"다솜아, 너 왜 그러는데?"

다솜이는 영문을 모른다는 듯이 대답했다.

"응? 아빠 왜?"

"런닝도 열심히 하는데 복싱까지 한다고 해서 말야. 복싱은 왜 하는데?"

"하고 싶어."

하고 싶다는데 어떡하겠는가! 특히 요즘 청년들은 한 가지 이상의 운동을 열심히 하는 것을 알고 있는 나로서는, 나쁜 일도 아니고 운동한다는데 더 이상 대거리 할 말이 없었다. 그리고 다솜이는 복싱과 런닝을 번갈아 가며 열심히 하고 있었다.

그렇게 몇 달이 지난 어느 날 다솜이가 웃으며 다가왔다.

"아빠, 우리 복싱 관장님이 아마추어 대회 나가라는데~."

"헐~."

복싱 대회라니, 우리 가족 중에 이런 유전자를 가진 사람이 있었던가?

다솜이가 보여주는 영상에는 복싱장에서 연습하는 장면, 스파링하는 장면 등이 담겨 있었는데, 깜짝 놀랐다. 작은 체구에서 나오는 힘이 영상으로도 느껴졌기 때문이다.

내 입에서 나오는 소리.

"불쌍해."

다솜이가 물었다.

"누가? 내가? 나 별로 안 맞는데~."

나는 다솜이를 보며 말했다.

"아니, 너랑 스파링 하는 저 아이말야. 계속 두들겨 맞으니 ~~."

다솜이가 일갈 소리쳤다.

"아니, 아빠 딸 맞는 것은 안 보여? 나도 맞거든."

그 후 다솜이는 아마추어 복싱 대회에 나가 1등을 했다. 그리고 다솜이를 통해 들려온 복싱 관장의 음성.

"프로로 전향할 생각 없어요?"

결혼 날짜를 앞에 둔 예비 신부인데, 다솜이는 지금도 열심히 달리고, 또 복싱을 한다. 심지어는 결혼식 때 아빠랑 입장할 때, 복싱 폼을 하면서 입장하면 어떠냐고 한다. 전혀 생각도 못해 봤던 일이다.

혹시 그렇게 될지는 모르겠지만, 다솜이의 생각해보지 못한 제안에 참 많은 고민이 되는 것은 사실이다.

장인과 예비 사위의 소그룹 성경공부

나는 아들이 없다. 아내와 딸 둘이다. 그래서 좋은 점이 많다. 이벤트도 많고, 말도 많고, 유쾌하고 즐거운 분위기가 좋다.

나는 아들이 없다. 그래서 아빠와 아들이 사우나나 목욕을 하러 가는 이야기들 들으면, 그때 기분이 어떨까 가늠하기가 어렵다. 경험을 해보지 못했기 때문이다.

사위가 생기면 함께 가보자고 할까 생각도 했지만 그것은 내 생각이고, 사위는 장인과 목욕을 하는 것에 대해 어떻게 생각할지 의문이다.

다솜이의 남편, 나의 사위가 될 아이는 다솜이와 서연중학교 친구다. 사는 집도 멀지 않다. 가끔 우리 집에도 놀러왔던 아이. 그래서 우리 가족, 아니 엄밀히 따지면 나를 빼고 아내와 두 딸과는 친근감을 유지해왔다.

그러던 중, 2024년 성탄 이브날, 다솜이와 결혼하고 싶다고 허락해달라고 우리 가족 앞에서 얘기했다. 그래서 내가 물었다.

"내가 허락 안하면 안할거니?"

영빈이는 대답했다.

"그래도 할 겁니다."

우리 가족은 웃으며 영빈이를 허깅했다.

"우리 가족이 된 것을 축하해."

그리고 아내는 준비해 간 꽃다발을 선물했다.

영빈이는 기독교 신앙이 없는 가정의 아들이다. 부모님과 형이 있는데, 착하고 평범하게 열심히 살아가는 분들이다. 다솜이를 통해 신촌성결교회를 나가고 있지만, 아직 하나님에 대해 잘 알지 못하는 상태였다.

그리스도의 장성한 분량에 이르기까지 성경공부할 필요가 있었다. 더욱이 다솜이와 영빈이가 영적인 부부로 거듭나기 위해서는 성경을 알고, 어떻게 살아야하는지를 말씀에서 배워야 할 당위성이 있었다. 누군가 잘 알려주고 가르쳐야 할 필요가 있었다.

"영빈이는 하나님에 대해 알고 싶은 마음이 있니?"

나는 영빈이에게 물었다.

"네, 있습니다."

아니라고 할 수 없는 분위기. 아니라고 하면 결혼하기 어려운~~. 그런 정도는 아니었어도 쉽게 거절하지는 못할 거라는 것을 알고 있었다. 그러나 가장 궁금했던 것은 영빈이의 속마음이 어떠한지였다.

"알고 싶습니다."

대답하는 영빈이에게 나는 말했다.

"그럼 나하고 일주일에 한 번씩 하나님에 대해 공부하면 어떻겠니? 내가 소그룹을 지금도 몇 개 하고 있는데, 정말 중요하고 필요하거든. 교회 예배와는 별도로 하나님을 알아가는 공부가 있어야 해."

"알겠습니다."

장인과 사위가 함께 하는 성경공부가 시작되었다. 마침 집 앞 홍차 카페 사장인 상민 형제가 교회에 등록한지 얼마 안되었고, 또 영빈이하고도 친해서 함께 연결이 되었다. 상민 형제는 40대 중반의 나이로, 우리 부부와 부부 성경공부 경험이 있다. 아들이 하나 있고, 교회에서 열심히 신앙생활로 접어들 무렵이었다.

그렇게 영빈이와 상민 형제, 그리고 나 셋이 하는 성경공부가 시작되었다. 그것이 25년 4월말이다. 지금까지 약 20번의 만남을 가졌다. 성경공부 교재 책 한 권도 마무리 되는 정도로 잘 따라오고 있는 영빈이를 칭찬해주고 싶다.

여러 사람들이 다솜이의 결혼에 대해 궁금해하고 물어본다. 그러다가 예비 장인과 사위가 성경공부를 하고 있다면 모두 놀란다. 사실 한 영혼의 귀함 때문에 영빈이에게 제안한 의미가 큰데, 듣는 사람들은 기독교 가정에 영빈이가 장가 가기 위해서, 다소 억지로 한다는 관념으로 생각이 되나보다.

하지만 한 번 두 번 성경공부를 할수록 그것은 아닌 것 같다. 영빈이는 궁금한 것을 물어보고, 또 나눔 질문에 대해 생각한 바를 그대로 이야기 하는 아이였다.

또한 다른 만남보다 말씀을 기준으로 하면서 만나는 것은 유익이 크다. 하나님에 대해 알아가는 것도 중요하지만, 장인과 사위라는 두 남성이 말씀 안에서 서로의 생각을 나누고, 또 친해지기 때문이다. 그런 즐거운 유익을 나는 요즘 누리고 있다.

이 만남이 언제까지 계속될지는 모르겠다.

하지만 권하고 싶은 것은 하나님 앞에 갈 때까지 어떤 형태로든지 소그룹 말씀 나눔의 생활을 하라고 말이다. 그것이 부부 단위로도 좋고, 비슷한 연령별 모임도 좋고, 교회의 셀 모임 등도 좋다.

그것과 더불어 나와 하고 있는 이 성경공부 만남도, 원한다면 내가 하나님 곁으로 갈 때까지 하면 더욱 좋을 것 같은 마음이 든다.

영빈이가 하나님을 깊이 만나고, 그 축복을 마음껏 누리고, 하나님께 영광을 올려드리는 믿음의 사람으로 하나님께서 축복하시리라 믿는다.

청첩장 전의 기도 편지

첫째딸 다솜이가 결혼한다.

2026.1.10. 토. 오전 11시. 홍대 쪽 아만티 호텔에서, 중학교 때 같은 반 친구였던 영빈이와 결혼을 한다. 친구로 계속 지내다가 대학교 때 사귀기로 했고, 그 만남이 31살 여기까지 왔다.

그래서 다솜이와 영빈이는 투닥거리며 친구로 지내왔다. 우리 부부도 영빈이가 가끔 집에 놀러올 때면, 교회의 아이들이나, 아들처럼(아들이 나에게 없지만) 격의 없이 대하곤 했다. 물론 나보다는 아내가 영빈이 입장에서는 더 친근감이 있을 것도 같다. 나와는 인사 외에는 그렇게 긴 이야기를 나눈 기억은 없는 것같다.

한 번은 놀러왔길래 우리 부부는 우스갯소리로 이렇게 말했다.

"너희들 언제 헤어지니? 지루하지 않니? 어떻게 이렇게 오래 만나는 거니?"

이 아이들은 둘이 만나느라 다른 연애는 해 보지 못한 아이들이었다.

다솜이는 어린 시절 태어나서부터 4살 때까지 말을 못했다.

다솜이는 '엄마', '맘마' 같은 유아어가 없었다. 배가 고프면 밥그릇을 들고 왔고, 쉬가 마려우면 바지춤을 붙잡고 낑낑댔다. 그때 우리 부부는 다솜이 앞에서 부부싸움의 연속이었고, 아이가 자폐아인가 할 정도록 아이 탓을 했다. 문제는 우리 부부에게 있었는데~.

그리고 둘째딸 다빈이가 태어나고, 우리 부부가 제대로 자리잡았을 때 다솜이의 말문이 열렸다. 다솜이의 첫 마디는 "엄마, 배고파요. 밥 주세요"였다.

그리고 이내 밝고 환한 아이로 성장했다. 초등학교 중학교를 잘 성장했다. 고등학교 때부터 원했던, 아동 복지를 위해 대학 졸업 후 바로 '초록우산 재단'에 들어갔고, 현재도 열심히 청년의 삶을 살고 있다. 교회에서도 유아부 아이들을 섬기는 교사로 열심히 생활하고 있다.

중학교 같은 반 친구 영빈이와 결혼하기로 했다. 그리고 다솜이와 영빈이는 신촌성결교회를 출석하였다. 나는 영빈이와 성경공부 소그룹 모임을 하기 시작했다.

어느 날 나눔을 하던 중 내가 영빈이에게 말했다.

"우리는 하나님을 아버지라고 부르거든. 그 얘기 전에 영빈이에게도 아버지가 있잖아. 영빈이 아버지는 어떤 분이시니?"

영빈이는 스스럼 없이 대답했다.

"네, 저의 아버지는 술도 좋아하시고, 조경 일을 하시고요, 저하고는 대화가 별로 없구요."

그때 내가 이렇게 말했다.

"어쩜 너의 아버지하고 내 아버지하고 비슷한 점이 많네."

이 과정을 통해 하나님에 대해 알아가는 것뿐만이 아니라, 나와 점점 대화의 밀도가 깊어지고 친해지고 있다는 생각이 들었다.

영빈이와 나눔을 통해 과거 나의 가정을 돌아보게 되었다. 기독교 신앙인이 아예 없던 우리 가정, 그리고 음주 가문으로 대대로 왔던 가정. 그 가정에서 자라왔던 나. 크리스천 아내를 만나 여기까지 인도하신 그 하나님을 다시금 묵상하며, 동일하게 영빈이와 그 가정에도 하나님께서 역사하시고 인도하시리라 믿으며 기도하고 있다.

본격적으로 부모 상견례 자리, 그리고 영빈이와 다솜이의 야외 촬영, 살아갈 공간에 대해 고민하며 살펴보고, 기도하는 중에 있었다.

수일 전, 다솜이가 선뜻 건넨 것.

"아빠, 여기."

나는 청첩장이 나와서 보여주는 것인 줄 알았다.

그런데 청첩장하고는 조금 다른, 그것은 자신의 결혼 준비에 대한 기도 요청문이었다. 마치 선교를 갈 때 기도를 부탁하는 것처럼, 다솜이는 먼저 가까운 분들, 그리고 기도를 해주실 수 있는 분들에게 결혼에 관한 기도 요청을 해야 하겠다고 만든 것이었다.

나는 다솜이가 만든 결혼 관련 기도 요청 글귀를 읽는 중에, 가슴 한 켠으로부터 울컥 올라오는 것이 있었다.

'이곳이 나의 선교지구나!' 라는 다솜이의 표현 때문이었다.

성경의 내용을 근거로 하면, 먼저 믿음의 사람들끼리 결혼을 하라고 한다. 그것을 다솜이는 잘 알고 있었다. 만약 믿음이 부족하거나 믿음이 없는 형제를 만나게 되면, 믿음을 먼저 가진 사람이 감당할 몫이 있다는 것을 다솜이는 알고 있었다. 그래서인지 다솜이는 청년의 시기를 보내며 나에게 말하곤 했었다.

"아빠, 나는 나보다 믿음이 더 좋은 형제랑 결혼하고 싶어."

그러나 하나님의 뜻이 자신의 생각과 다를 때가 더 많다는 것을 우리는 안다.

많은 고민을 하고 기도했던 다솜이는 영빈이와 결혼을 결심했다. 그것은 자기가 감당해야 할 몫을 감당하겠다는 마음을 굳혔다는 것이 된다.

그래서 이렇게 기도 요청을 만들었던 것이다. 그 내용은 이렇다.

우선 저와 저희 가족에게 소중한 분을
저의 결혼에 초대하게 되어 기쁘고 감사합니다.❤

새로운 시작을 앞두고 설렘도 있지만,
아직 하나님을 잘 알지 못하는 영빈이와 함께 맞춰가며
'이곳이 나의 선교지구나' 하는 마음과
혼자 감당하기엔 쉽지 않겠다 생각이 들었습니다.

그래서! 여러분께 기도를 부탁드립니다!

1. 결혼 준비부터 앞으로 살 속에서 **하나님만 붙잡고 살아가길.**
2. 영빈이가 하나님의 사랑을 깊이 경험하고 **하나님을 더 사랑하는 사람이 되길.**
3. 저희의 삶이, 다른 사람들이 **하나님 앞으로 나아오는데 밝은 별처럼 비추는 역할**이 되길.
4. 서로의 익숙함 속에 **소중함을 잃지 않고** 아껴주는 부부가 되길.
5. 현실과 타협하지 않고 **거룩히 살아갈 힘과 믿음 놓치지 않길.**

감사합니다.
사랑하고 축복합니다!

2025년 끝자락
최다솜 드림

저와 저희 가정, 사역 등을 위해 지속적으로 중보해주시는 동역자님. 저의 첫째딸 다솜이의 결혼을 앞두고, 다솜이의 기도 요청 내용을 이렇게 보내드리오니, 기도하실 때 포함해서 잠시라도 꼭 기도를 부탁드립니다.

감사합니다.

25. 11. 10

큰딸 다솜이의 결혼을 앞두고

최관하 드립니다.

결혼 축하 메시지

다솜이와 영빈이 소꼽친구가 진짜 부부가 되는군요. 정말 다솜이와 영빈이 잘 맞을거 같네요.
진심으로 축복하고 축하드립니다. 26.01.10일 두 손 잡고 들어설 신랑신부 행복해 보일거 같습니다. 참고로 그날은 저희 내외 호적상 생일이기도 합니다. 다시 한 번 축하드립니다.
(이원희, 이향규 올림)

다솜이의 결혼을 축하합니다. 두 사람이 사랑으로 만나 아름다운 하나님의 가정을 이루기를 기도합니다(엄원용)

우와 너무 축하드려용!!! 다솜이 청첩장 나오면 꼭 알려주세용 ㅎㅎ결혼전에 이렇게 기도요청이라니 넘 멋있어요 !!! 기도하겠습니다 :) 축하드려용 ㅎㅎ!!(김수지)

목사님 축하드려요 청첩장 나오면 꼭 알려주세요.(홍지현)

목사님 축하드립니다~~~! 하나님 안에서 복된 가정이 되기를 함께 기도합니다♥(장정주)

최목사님 다솜이의 결혼소식을 듣고 목사님 가족 모두에게 축하드립니다. 두사람의 만남이 태초부터 하나님의 계획하심을 통해 이루게 하심에 감사하고 목사님과 사모님의 헌신된 양육을 통해 아름다운 가정으로 더욱 빛날것 같네요 함께 기도하며 결혼식날에 찾아 뵙겠습니다.(정택현)

장성한 따님이 자신의 소중한 가정을 지혜롭게 기도로 준비하네요. 기도하며 하나님이 하시는 역사를 보고 싶습니다.
(김두식)

하나님 안에 아름다운 가정되기를 기도합니다!(오창욱)

선생님 가정의 아름다운 소식을 전해 주셔서 감사합니다~ 하나님께서 귀한 가정의 탄생을 축복해 주시고 은혜에 은혜를 더하시길, 거룩히 살아갈 힘주시고 믿음 주시길! 함께 기도하도록 하겠습니다. 평안한 밤 되셔요!(이남선)

이제사 목사님 다시 한 번 차분히 읽어 보았습니다 다솜이, 영빈이 결혼식 기도 제목들 위해 기도하겠습니다. 하나님이 쓰시는 기쁨의 가정 될 수 있도록, 그리고 주님 때문에 축복과 은혜 감동이 넘쳐나는 가정 되기를 기도 하겠습니다 감사합니다 최관하 목사님 짱 존경 사랑합니다.(정재풍)

언제였던가, 다솜양과 영빈이를 만난적이 있지요. 다솜양의 선교지를 위해 정성을 다해 손 올리겠습니다.
다섯 가지의 기도제목, 하나하나를 놓고도 기도합니다. 새 가정에 기름부으심이 넘쳐흐르기를 기도합니다. 글을 읽는데 감동이 밀려오네요. 평안한 밤 되세요^^(지경준)

네 선생님 기도드리겠습니다. 그리고 축하드립니다. 선생님 ^.^(이우양)

축하해요. 믿는 사람들답게 두 사람이 살아서 남의 본이 되는 삶을 살아가도록 기도 할게요.(구본안)

와우, 목사님^^ 축하드려요!!(강찬)

우와, 대박 축하드립니다.(홍민기)

먼저 축하드립니다. 목사님~♡글을 읽는 내내 감정이입이 되어 목사님의 마음을 공감하게 되고 세워질 믿음의 가정을 위해 더욱 기도해야겠다는 생각이 마구마구 커졌습니다~.기도할게요 목사님~ 찾아뵙고 축하의 인사도 나누겠습니다~ㅎㅎ 연락주셔서 감사합니다~(김인식)

너무도 이쁜 아이들 결혼을 축하드려요.(손종수)

목사님~~ 정말 축하드려요ㅎㅎ 저는 최근 둘째딸 출산하구 육아로 고군분투중이에요ㅎㅎ
부모님도 수원서 목회하시구 잘 지내구 계세요~ 결혼위해 같이 기도할게요~ 청첩장 보내주시면 결혼식 꼭 참석하고 싶어요~~^^(김진실)

연락주셔서 감사합니다 목사님..ㅋ 너무 축하드려요. 따님이 주안에서 잘성장하고 또, 잘 키우신거같아서 참 보기좋으세요.ㅋ 꼭 찾아뵙겠습니다. 감사해요 목사님ㅋ(정해운)

앗. 선생님 벌써 다솜이 결혼하는거예요? 우와~~ 축하드려요!!!!! 시간이 이렇게나 빠르게 흘렀네요.(윤지영)

축복합니다 귀한 가정의 경사에 더불어 기뻐합니다.
(송귀채)

부럼 부럼, 축하 축하드려요 ㅎㅎㅎ(임우현)

아멘 아멘 놀라운 역사를 이루신 주님을 찬양합니다.
(민만규)

목사님! 축하드립니다. 기도하겠습니다^^(김승철)

목사님 우선 너무 축하드려요~~주신 기도제목대로 함께 기도하겠습니다^^(신고은)

목사님 첫째 따님 다솜이의 결혼을 축하합니다 모든 준비에 하나님의 은혜가 함께 하기를 기원합니다.(차재연)

아멘! 목사님! 진심으로 큰 따님의 결혼을 축하드리며 함께 기도제목대로 기도하겠습니다. 참으로 감동적입니다(**) (박연희)

와우! 다솜이의 결혼을 진심으로 축하합니다~~(석현근)

중보하겠습니다 축복합니다 ♡♡(허명환)

이렇게 기쁜 소식을 감사히 받습니다.ㅎ 다솜이의 결혼을 진심으로 축하 축하 드립니다.
부모님의 뒤를 이어 믿음의 길을 올곧게 걷고있는 보배로운 다솜이의 결혼을 축하하고 축복합니다~
5가지의 기도제목 위해 함께 기도할게요~ 준비하는 모두 과정에도 주님의 풍성하고 놀라우신 은혜가 넘치기를 소망하며 기도합니다~ 마니 부럽습니다, 선배님~ㅎ 편한 밤 되세요~ (정대환)

네 선배님~^^딸 다솜이의 결혼 축하드립니다. 사위 영빈 형제와 다솜이가 하나님과 사람들의 축복아래 돕는 배필로서 하나님 보시기에 아름다운 믿음의 가정 세워나가길 함께 기도합니다.(김재록)

건강하게 잘 지내시죠? 다솜이 이야기와 함께 결혼 소식 전해주셔서 감사합니다 진심으로 축하드려요~~(이석형)

너무 멋진 따님과 예비사위 분의 따스한 스토리에 제 마음도 따뜻해집니다. 결혼식이 어느덧 딱 2달 남았네요 남편과 부모님과 함께 찾아뵙고 꼭 축하드리겠습니다~^^ 아름다운 두 분의 결혼을 진심으로 축하드립니다. 저도 기도로 함께하겠습니다.(지선영)

하나님 기뻐 하시는 가정이 아름답게 완성되도록 기도할게
(이찬원)

가슴 뭉클 눈물 시큰 하게 하는 감동의 편지와 기도 제목이네
왠지는 모르겠는데 눈물이 고이네
넘 고운 마음의 소리 때문인 듯 하구나 기도할게 연락줘서 고마워 장선교사한테도 전할게 샬롬 ♥♥(조은혜)

너무 귀한 글과 기도제목 가슴이 뭉클합니다^^ 나와 내아들

의 가정을 세워주신 하나님을 더욱 의지하게 되네요~ 예쁜 다솜이를 통해 선교지에 부어주시는 놀라운 은혜들을 경험하게 될 줄 믿습니다 축하하고 축복합니다
지금 캐나다에 있는데 그땐 만날 수 있는 시간이어서 다행이예요 감사합니다^♡^(권명숙)

ㅎㅎ 세 모녀가 완전 닮았네 축하해 첫째 딸의 결혼과 관하쌤이 사위 보는 것. 새로운 영혼을 구원해야 할 사명을 갖는 것. 결혼전에 기도부터 하고, 기도요청을 할 줄 아는 딸인 것. 그리고 하나님께서 축복하실 가정을 꾸리게 되는 것 감사와 기쁨으로 혼인을 준비하는 모든 과정부터 오직 하나님만 바라보며 온전한 하나님의 가정을 이루어나가기를 예수님 이름으로 기도합니다 아멘(황미선)

우선 두 번 정독하고 마음에 새겼습니다 이방인이 되어 하나님께 돌이켰던 제가 돌아오는 그 길이 쉽지않음을 알기에 생각날 때마다 기도하겠습니다^^ 하나님이 함께하시는 가정의 축복을 온전히 경험하도록 기도하겠습니다!! 선생님 따님 결혼 축하드려요^^(이세호)

축하드립니다~~ 복되고 아름다운 가정이 되길 기도하겠습니다.^^ 저희 작은 아들도 내년 9월 12일로 날 잡았습니다. 신촌성결교회에서 만난 자매와~~ 저희 아들과 예비 며느리에

게 따님 결혼 소식 이미 들었답니다. 좋은날 좋은 자리에서 뵐 수있어 참 좋습니다.^^(명성진)

와~ 다솜이가요? 선생님, 축하해요.(김혜진)

우~와 축하드려요. ^^아빠가 쓴 다솜이의 성장과정과 남친의 삶 그리고 결혼 과정을 읽으면서 하나님의 최고 선물임을 느끼게 되네요. 아빠와 엄마가 행복해 하니 저도 기뻐요.
제가 우크라이나에 나가있는 때라 멀리서 축하드립니다. ^^(허요나단)

사랑하는 최관하 목사님! 큰 딸 다솜이의 결혼을 축하합니다! 영빈♡다솜의 결혼준비의 모든 과정에 주 하나님께서 역사하셔서 기쁨이 넘치고 축복받는 결혼식이 되고, 아름다운 가정을 이루어 주옵소서! 주 예수님의 이름으로 기도합니다! 아멘!(한천희)

어머나 오래 사귀었다는 그 청년과 결국 결혼의 골인까지 가는군요~♡ 다솜이를 통해 영빈형제의 집안이 변화되겠네요. 한 가정을 송두리째 살릴 다솜이를 축복하며 사랑이 담긴 선교지에 들어가게 된 것을 함께 기도할게요. 선생님 마음이 여러모로, 만감이 교차하시겠는데요. 흐흐^^(추영희)

최관하 목사님, 잘 지내셨지요? 기쁜 소식을 전해주셔서 감사합니다. 진심으로 다솜이의 결혼을 축하드립니다. 주님의 기쁨이 되며 하나님께서 축복하시는 가정으로 선한 영향력을 흘려보내는 믿음의 명문 가정 이루길 기도드립니다.(원상철)

오 드디어 결혼하네요~ 축하드려요! 그날도 뵙겠습니다~^^(나상천)

축하하네. 새식구 맞이하니 얼마나 기쁘겠나?(박형순)

목사님 축하드려요 든든한 진짜 아들이 생기셨네요
(신경철)

청첩장이 너무너무 멋집니다 ^^ 축하축하 축하드립니다.
(오승환)

와~목사님 넘 감동입니다! 청첩장이 아닌 기도요청문을 보고 기도 안할 수가 없겠네요^^ 선교지에서 믿음의 가정 굳건히 세워지길 기도하겠습니다!(주미혜)

축하합니다. 고전에 나오는 선남선녀라는 말이 생각납니다. 옛날 최선생 젊은날의 결혼하던 시절이 얼마 안된것 같은데.(박재호)

축하해~~^^ 관하야 다솜이에게 하나님께서 큰 선물 보내주신거 같네 감사하며 주님의 사랑 듬뿍받으며 살아가는 축복의 가정 되길 기도 해~^^(이명한)

형님 따님 결혼 축하드립니다♡ 넘 좋으시죠 행복하시길 바랍니다 ㅎㅎ(강희경)

신앙 명가다운 이야기입니다. 이제까지도 그랬지만 앞으로의 이야기가 더 기대됩니다. 최 목사님, 축하합니다.(경동호)

할렐루야 아멘!! 다솜이와의 첫 만남을 아직도 또렷하게 기억합니다!!
제 무릎 위에 앉아서 수업하던 시간들도요...
그런 다솜이가 영빈과 함께 세우는 가정을 축복합니다!!
여호와께서 집을 세우지 아니하시면 세우는 자의 수고가 헛되다 하셨는데 이곳이 선교지라는 고백과 함께 세우는 믿음의 가정이 하나님께서 기뻐하시는 가정이 되기를.
먼저 된 자가 나중 된다는 말씀처럼 영빈 신랑이 그 가정의 영적 제사장으로 든든히 세워지기를 기도하며 축복합니다! 기도제목을 주셔서 감사드립니다! 주신 제목으로 계속 기도하겠습니다!(어금주)

귀한 따님의 결혼 소식 축하드립니다.(도은아)

기쁜 소식 감사합니다. 저도 예쁜딸 다솜이의 결혼을 위해 기도하겠습니다.(유영림)

와 정말 오래 만났네요. 진심으로 축하드립니다 ㅎㅎ (박광식)

와우! 목사님 축하드립니다 말씀대로 기도로 중보하겠습니다. 다시 한 번 축하드립니다~~(강구원)

목사님~ 따님의 결혼 축하드려요~서로에 대한 사랑과 믿음으로 아름다운 가정 잘 이루어가길 축복하고 같은 마음으로 기도할게요~~(김연순)

감축드립니다. 그리고 다솜이가 새로운 선교지에서 승리하길 기도하겠습니다.(정봉화)

아멘! 다솜이와 영빈의 결혼을 진심으로 축하하며, 그 가정에 주님의 축복 또한 충만하기를 함께 기원해요.(박영원)

멋지네, 가정이, 사위보는거 또한 축하해(최문경)

와~~~축하드립니다. 예쁜 다솜이와 멋진 영빈이의 결혼을 축하, 축복을 드립니다. Story가 있는 만남, 아름다운 story로 주님께서 함께해주시길. 믿지 않는 가정이지만 다솜이와 영빈이의 결혼을 통해, 소중한 부모님들이 주님을 만나는 영접하는 귀한 역사(history)가 일어나길 기도드립니다.
무엇보다도 목사님의 대를 이어 명문 가문으로 주님께서 함께해주시길. 부모님의 자랑, 주님의 기쁨이 되는 가정 이루도록 만남의 축복으로 축복의 통로로 주님께서 함께해주시길 기도하겠습니다.♡♡(오재술)

아름다운 다솜공주님의 결혼을 진심으로 축하드림과 아울러 영빈왕자님의 믿음생활이 더욱 열매를 맺어갈 수 있도록 함께 기도하겠습니다! 주님의 은혜로 늘 즐겁고 보람된 삶으로 행복하시고 평강하시길 두 손 모아 기도를 드리겠습니다!! ~♡
(문근대)

와~~감동입니다~~다솜이의 결혼을 축하하며, 영빈이와 만들어 갈 새로운 길을 축복합니다~~ 특히 혼전에 요청한 기도문 한 문장 한 문장을 새기면서 함께 중보할게요 ^^~~♡
(주경윤)

다솜양이 선생님을 꼭 닮았네요~ 이렇게 기도요청하는 걸 보니까요^^ 기도제목을 읽자마자 벌써 그렇게 행하실 하나님이 기대됩니다!! 기도하겠습니다.(김소리)

선생님~! 너무너무 축하드립니다!^^ 딸을 보내는 아버지의 마음을 다 헤아릴 수 없지만 그간 기도와 사랑으로 키워오신 따님의 결혼을 통해 하나님이 하시는 일들을 보시는 선생님의 마음에 큰 감동을 받습니다! 준비 기간 동안 더욱 하나님의 축복이 가득하기를 기도하겠습니다!^^(용광민)

축하드려요. 기도제목을 두고 함께 기도합니다.(신기주)

큰 따님이 순전하게 믿음의 가정을 이루어 가길 기도합니다 ^^ 친구같은 부부가 평생 친밀하게 잘 산다고 들었습니다 오랜 기간 친구로 지냈던 두 사람이 하나님 안에서 평생의 소중한 친구이자 동역자가 될 것을 믿습니다^^(김도성)

우와!!!! 정말 축하드려요!!!기쁨으로 함께 기도하겠습니다!!!^^할렐루야!!! ^^(차태환)

축하드립니다 목사님~귀한 하나님의 가정을 위해서 기도합니다^^(김미정)

따님의 결혼을 진심으로 축복하고 축하드립니다!! 꼭 중보기도하겠습니다~평안한 한 주 되세요^^(김성중)

제가 허리가 아파 정형외과에 와있는데요 다솜이의 기도요청을 읽으며 눈물이 왈칵 쏟아져 병원 로비서 당황했습니다 주님께서 다솜이 가정을 향한 소중한 계획이 아름답게 이루어져 가게될 것을 소망하며 기도하겠습니다.(김승동)

최관하 목사님, 안녕하세요? 잘 지내고 계시지요?
지난 두 주간을 정말 바쁘게 지내느라 카톡도 제대로 열어보질 못했습니다.
오늘 모처럼 틈을 내 한은경 권사와 율곡수목원에 와 잠깐 둘러보고 둘이 카페에 앉아 서로 카톡에 집중하고 있습니다. 진심으로 축하드리고 다솜 자매의 성숙함에 고개가 절로 끄덕이네요.
다솜 자매를 통해 영빈 형제 뿐만 아니라, 모든 영빈 형제의 가문에 복음이 전해지는 은혜가 있기를 기도합니다. 최 목사님 생각날 때마다 다솜 자매와 영빈 형제의 결혼 준비와 결혼예식, 결혼생활을 위해 기도하겠습니다. 사랑하고 축복합니다.(김성묵)

우와~ 넘넘 축하드려요. 기도 제목까지 있으니 축복기도가 절로 나오네요. 존귀한 다솜 양의 결혼을 진심으로 축하해요^^. 마음 다해 기도할게요.(한재윤)

새해 기쁨과 감사로 시작하시는 군요^^ 하나님께서 아름다운

믿음의 가정 세워가실 줄 믿고 기도하겠습니다~ 미리 축하드립니다!!!!(정원희)

예쁜 딸 결혼 축하드립니다^^(서수원)

우와~~ 선남선녀네요~^^. 귀한 가정 이루길 축복하며 기도합니다.(안종배)

최관하 선생님 따님의 결혼을 진심으로 축하드립니다.
(김운목)

가족 모두가 참석할 수 있도록 노력해보겠습니다^^. 계속 기도할게요.목사님. 딸을 가진 아빠로서 사위를 위한 기도는 이렇게 하는거구나. 많이 배워갑니다.^^(이형식)

네 축하드립니다 선생님. 꼬마였던 다솜양이 어느새 숙녀가 되었네요. 사위분도 키도 크고 듬직해보입니다.(송문석)

선생님, 안녕하세요. 드디어 따님 결혼하네요. 청첩장이 매우 인상적이어서 결혼식이 기대됩니다.
중학교 때 만나, 20살부터 연인이 되어 이제 부부가 되는 과정을, 그 결실을 함께 축하, 축복하고 싶습니다.(정회석)

목사님. 다솜이의 결혼 축하드립니다^^. 하나님의 뜻을 이 땅에 아름답게 이뤄가는 복된 가정되길 축복합니다^^.
(이강신)

앗! 선생님~ 축하드려요! 갈게요~그날 뵈어요.(최서윤)

와우 ^^ 목사님 축하드립니다. 행복한 가정을 이루시길 축복이 가득하길 기도하겠습니다.(정도환)

어머! 너무 축하드려요. 큰따님이시군요. 아름다운 커플 축복합니다. 결혼식날 뵐게요.
따님분 결혼하신다니 감회가 새로워요. 따님 너무 예쁠 것 같아요. 직접 가서 축하드리고 싶어요.(송현아)

최목사님, 다솜이의 결혼을 진심으로 축하드립니다. 하나님의 풍성한 은혜로 복된 예식이 되고 하나님을 기쁘시게 하는 행복한 가정을 이루기를 기원합니다.(이희수)

와우~. 목사님, 축하합니다. 따님의 결혼을 축복합니다~~
(안재국)

선배님, 축하드려요~~ 그 날 꼭 참석해서 예쁜 다솜이 보고 축하해줄게요~~^^(이주연)

어머!!!목사님 축하드립니다!!! 새해에 기쁜소식이네요! 아이들과 함께 참석해보겠습니다!!!
그때 뵙겠습니다!(박지용)

네, 목사님, 큰 따님의 결혼을 진심으로 축하드립니다! 1월 10일 찾아뵙겠습니다^^(허금선)

귀한 예식과 하나님께서 맺어주시는 자녀분의 가정가운데 하나님의 축복과 은혜가 넘치길 소망하며 기도드립니다.
(김윤택)

와~!! 축하 축하드려요 선생님~!! 복된 결혼과 믿음의 가정의 탄생, 사위보심을 축하드리고 축복합니다!^^
귀한 소식 나눔 감사하고, 같이 기도하겠습니다 선생님~!!^^(박윤환)

와~ 목사님^^ 축하드려요^^ 아름다운 신혼부부의 새 출발을 응원하며, 하나님의 뜻에 맞는 가정이 되길 기도할게요.♡
(김지연)

우와 :) 너무 축하드립니다 목사님 ㅎㅎ 하나님이 축복하시는 가정되기를 기도합니다.(임성산)

목사님 ~~ 넘 축하드려요 이야기로만 전해들었었는데 예쁜 커플을 사진으로 보게되니 왠지 모르게 더 반가운 마음이예요, ㅎㅎ 제가 일 스케줄로는 1월 첫째주부터 입시기간이라 상황을 지켜봐야할 것 같은데, 꼭 얼굴뵙고 축복의 자리에 함께할 수 있기를 바라볼게요.(신혜성)

축하합니다. 예식장서 뵙겠습니다~^^(임채욱)

목사님 축하드립니다. 꼭 참석해서 함께 기뻐하겠습니다~~(홍선표)

오, 관하야 딸 결혼 축하한다~~~(정태성)

와 선생님 안녕하세요! 큰따님이 결혼하시는군요!! 미리 축하드리고 함께 기도하겠습니다!(이솔)

와우 축하드립니다.^^ 성혼예식의 모든 과정에 주님의 섬세한 간섭이 있기를 기도합니다.(배정환)

목사님~ 저는 믿음의 부부가 되어 행복한 결혼생활 하고 있습니다^^ 목사님 따님께서도 결혼하신다니 정말 축복합니다! 시간 되면 꼭 참석하겠습니다. 또 다른 믿음의 부부, 가정 이루길 기도하겠습니다!(최다인)

관하야 다솜이 결혼 진심으로 축하한다. 믿음의 행복한 가정 축복해 ~. 곧 장인이 되시겠네. 그것도 축하하고^^. (안윤배)

화목한 가정 관하의 혼사를 진심으로 축하하네. 고맙네. (김종진)

목사님 다솜이 결혼 축하드립니다. 이제 장인어른 되시네요 (조미령)

최선생, 딸 결혼하면 곧 할아버지 되겠군. 손주 처음 보게되면 삶의 참 보람을 느끼게 될걸세. 축하하네.(구본안)

와아 목사님 너무 축하드려요~~~!! 정말 축복된 소식이네요:) 따님의 가정이 항상 복되고 믿음으로 서길 기도할게요 (박선주)

목사님 따님의 혼사를 진심으로 축하드립니다. 시간을 내어 꼭 참석하도록 노력하겠습니다!(김수환)

목사님 큰 따님께서 결혼식이 있군요~~^^ 축하 축하드립니다. 새 가정에 하나님의 축복이 함께 하시고 좋은 일기 속에 아름답고 행복한 결혼예식이 될 수 있길 기도합니다.(강사민)

오~^^ 선생님!! 다솜이 결혼 10일이군요!! 가도록 하겠습니다~~!!다솜이 넘 예뻐요~^^!!(이나은)

할렐루야. 주님의 이름으로 다솜이 결혼을 진심으로 감축드립니다.(이인규)

어므나 관하쌤 너무너무 축하드려요!!! 따님 너무 예쁘고 사위분도 훤칠하네요
기쁜 소식 전해주셔서 감사합니다~~ 직접 가서 축하드리고 싶은데 제가 아직 호주에 있어서 마음만 보낼게요. 쌤 결혼식 때 너무 울지 마시구여~~〉〈 아름다운 예배되길 기도하겠습니다.(최고나)

안녕하세요, 선생님!!! 너무 반가운 소식이네요. 다솜이가 이렇게 컸다니 왠지 모를 가슴 벅참이 밀려오네요. 결혼식에 참석해서 선생님 얼굴도 뵙고 인사드리고 싶은데, 제가 그날 일이 잡혀 있어서 뵙지는 못할 것 같아요. 참석할 수 있는 동기가 있다면 꼭 선생님 안부 전해 듣고 싶네요. 새롭게 시작되는 다솜이 가정을 위해 기도할게요.(함화조)

울 다솜이의 글이 넘 울컥하네요ㅜㅜ. 어린 아가가 부모님을 걱정하며 성장을 멈추고 기다렸던 안쓰러운 시간들이 너무 아프지만 그 시간이 무색하게 너무 잘 자라준 다솜이가 참 기특

하고 대견하네요~

오랫동안 두 분의 이야기를 통해 알아온 귀한 다솜이를 마음껏 축복합니다~! 우리 하나님께선 우리 다솜이 혼자 보내지 않으시고 함께 그 "거룩한 선교지"에 동행하실테니 그 걸음이 기쁨으로 가득할거라 그리고 그 시간들은 별처럼 반짝일거라 믿습니다~ 저도 제 미래의 며느리와 사위를 이렇게 품어주고 싶다는 사족도 달아봅니다~ 생각날 때마다 다솜이와 영빈이 그리고 새로운 가정과 시댁 가문의 변화 위해 기도의 씨앗 심을게요~ 축복합니다.(최윤희)

〈다솜에게〉

지난해 이 맘때 아침은 떠오르는 햇살과
더불어 창으로 스치는 나무줄기가
솜이 아빠 마음을 어루만져 주었었지.
그렇게 맑고 상쾌한 늦겨울에
봄이 오는 소리가 시나브로 겨울의 틈을 비집고
다솜아 내사랑아 어서나와
새벽 공기 마시며 우리 친구하자.
이제는 관하도 아버지 되었네.
두 여자와 눈으로 입으로 표정으로
인간의 굴레를 더듬어가며
항시 웃으며 이 세상과 함께 어울어지며
건강한 삶을 살아가야지.
아빠 엄마가 다소간은 불안감은 있었어.
못난 아이인양 아무데서나 울거나 칭얼대지 않을까하고.
하지만 그것이 기우였나 지가 몇살 되었다고
조용과 시끄러움을 가리나.
그저 감사해야할 따름인저.
솜이 많이 모이면 이불처럼 우리네들 따뜻하게 감싸주며
따사함에 온정이 깃들어 사랑으로 승화되어
더욱 좋은 세상 만나려므나.
우리 모두 솜을 많이 많이 만들어
그녀의 친구되어 젊음이 무엇인지
신세대가 무엇인지 배우며 살아가세.

1996년 2월 3일 다솜의 첫돌을 축하하며
스승 최 호석 쓰다.

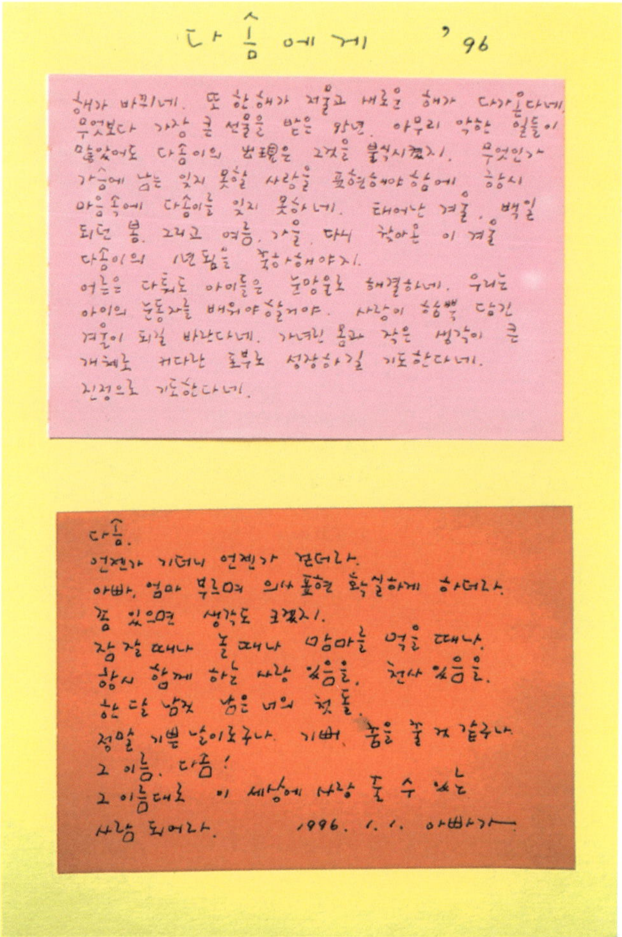

다솜에게 '96

해가 바뀌네. 또 한 해가 저물고 새로운 해가 다가온다네.
무엇보다 가장 큰 선물을 받은 95년. 아무리 악한 일들이
많았어도 다솜이의 出現은 그것을 불식시켰지. 무엇인가
가슴에 남는 잊지 못할 사랑을 표현해야 함에. 항시
마음속에 다솜이를 잊지 못하네. 태어난 겨울. 백일
되던 봄. 그리고 여름. 가을. 다시 찾아온 이 겨울
다솜이의 1년됨을 축하해야지.
어른은 다퉈도 아이들은 눈망울로 해결하네. 우리는
아이의 눈동자를 배워야할거야. 사랑이 흠뻑 담긴
겨울이 되길 바란다네. 가녀린 몸과 작은 생각이 큰
개체로 커다란 포부로 성장하길 기도한다네.
진정으로 기도한다네.

다솜.
언젠가 기더니 언젠가 걷더라.
아빠, 엄마 부르며 의사표현 확실하게 하더라.
쫌 있으면 생각도 크겠지.
잠 잘 때나 놀 때나 맘마를 먹을 때나.
항시 함께 하는 사랑 있음을. 천사 있음을.
한 달 남짓 남은 너의 첫돌.
정말 기쁜 날이로구나. 기뻐. 춤을 출 것 같구나
그 이름. 다솜!
그 이름대로 이 세상에 사랑 줄 수 있는
사람 되어라. 1996. 1. 1. 아빠가—